Der Wind treibt die Gedanken

Nordwegische Gedichte und andere Ergüsse

Herstellung und Vertrieb: Books on demand GmbH,
Norderstedt
C 2019 by Klaus-Jürgen Sparfeld & M. S. Dueschamm

ISBN 9783749422708

Titelfoto: Marion Sparfeld
Foto Rückseite: Marion Sparfeld

M. S. Dueschamm

Der Wind treibt die Gedanken

Nordwegische Gedichte und andere Ergüsse

***

Für Marion und alle Blumen der Welt

***

Abendsonne

Die Sonne strahlt
Das Licht ist hell
Und unsre Welt
Dreht sich so schnell

Ein schöner Tag
Voll Sonnenschein
Warum kann es
Nicht nur so sein!

Du sitzt im Gras
Und schaust dich um
Es ist so still
Um dich herum

Nur die Hummel
Sie brummt und summt
Es kommt die Nacht
Wenn sie verstummt

Die Nacht ist kalt
Der Tag ist hell
Bald bist du alt
Es geht so schnell

Aber

Es ist irgendwie schon ein komisches Gefühl,
Wenn dich jemand fragt:
Liebst Du sie?
Und du sagst:
Wenn ich ja sagen würde, würde ich lügen.
Und wenn dich jemand fragt,
ob du verliebt in sie bist
und du sagen müßtest:
ich weiß es nicht.
Und wenn dich jemand fragt,
ob du mit ihr befreundet sein willst
und du ja sagst,
weil du wissen willst, ob es geht.
Und du nicht weißt, ob es geht.
Das ist es.
Aber – was ist das?

All das mag ich so

Holst Du Luft und atmest ein
Platzen die Hose und der Schein

Was sich dann ergießt
Aus dem Stoffe fließt

Busen, Schenkel, Po
All das mag ich so

Allein

Siehst alles auf der Welt
Du kommst so weit herum
Nichts was dir nicht gefällt
Doch fragst du nur: Warum?

Warum kann ich nicht lachen!
Nicht leben so wie Du?
Was nur soll ich machen!
Was noch gehört dazu?

Kann ich denn nicht lieben?
Keine Liebe geben?
Alles auf mich schieben!
Was so geht daneben!

Ach, laß´ mich bei Dir sein
Wer immer Du auch bist!
Vielleicht kann es dann sein
Daß man mich wieder küßt!

Alles hat seine Zeit

Ich stand irgendwo
Hörte eine Stimme
Sie meinte mich
Ich schaute hoch
Da steht jemand vor mir
Jemand, den ich kenne
Man unterhält sich
Und ich merke:
Irgendwas ist anders als sonst
Alles braucht seine Zeit
Und alles hat seine Zeit

Alles schwarz

Hoffnungslos fließt dahin
Dein Leben ohne Sinn
Und die tausend Fragen
Die dir manchmal sagen

Da ist die Welt ganz klein
Und in ihr du allein
Willst Vertrauen leben
Und viel Liebe geben

Doch real hat die Nacht
Immer noch die größere Macht
Sei zufrieden oder nicht
Blöder, kleiner Wicht!

Amors Pfeil

Tage kommen, Tage gehen
Viel ist dieses Jahr geschehen

Am Anfang floß dahin
Alles ziemlich ohne Sinn

Die Zeit verging so ungefähr
Im Frühjahr war ich mal am Meer

Nach Mallorca danach reisen
Und dort gar köstlich speisen

London sehen in der Gruppe
War mir am Anfang völlig schnuppe

Den Garten nur genießen
Sehen, wie die Blumen sprießen

Grillen und dann Bier und Wein
Im allerschönsten Sonnenschein

Von Amors Pfeil getroffen
War ich dann wie besoffen

Ein neues Leben fing sodann
Scheinbar für mich an

Das alte sollte gehen
Und nur noch in Büchern stehen

Die Luft war voller Liebe
Und in mir tausend Triebe

Der Sommer warm und heiß
Doch alles hatte seinen Preis

Sie wollte es nicht sagen
Das Geheimnis mit sich tragen

Keiner sollte wissen
Daß wir uns gerne küssen

So Unheil kam herauf
Und nahm dann seinen Lauf

Was sollte für die Ewigkeit
Hielt nicht mal eine kurze Zeit

Herausgerissen, ohne Herz
Unendlichkeit im Schmerz

Wo Zukunft war noch eben
Alle Hoffnung aus dem Leben

In der Iren grünem Land
Die Traurigkeit zum Teil verschwand

Doch dann beim Wiedersehen
Ist es erneut geschehen

Die Wunden offen lagen
Und du begannst zu klagen

Kein klares Wort von Ende
Das band dir deine Hände

Du wurdest nun gequält
Weil nicht nur die Liebe zählt

Einsam hat sie entschieden
Dir ist keine Wahl geblieben

Doch wirst du wieder leben
Und irgendwann auch schweben

Auf den Wolken, die dann singen
Wenn sie dir eine Liebe bringen

Die dich dann wirklich meint
Und sich mit dir vereint

Am Samstag alleine

Am Samstag alleine
Ich sitze und weine
Der Wein steht vor mir
Die Gedanken bei Dir

Der Wein rinnt hinunter
Ich bin noch ganz munter
Warum bist Du fort?
Warum am andern Ort?

Mehr Wein hier für mich
Die Gedanken an Dich
Mein Hirn wird verrückt
Von innen zerpflückt

Du bist so in mir
Alles schreit nur nach Dir
Die Tränen sie laufen
Da hilft auch kein Saufen

Ich wünsch´ Dich hierher
Nichts will ich mehr
Du bist Teil von mir
Es zerreißt mich schier

Fort bist Du gegangen
Ich war total gefangen

Mein Geist ist wirr und leer
Er will Dich, nichts mehr

Die Gedanken kreisen
Und all ihre Reisen
Ziehen hin zu Dir
Es bleibt nichts für mich hier

Hab alles falsch gemacht
Und dabei noch gelacht
An der Zeit zu drehen
Klar, um Dich zu sehen

Mein Leben ist vorbei
Alles nur einerlei
Ohne jede Wonne
Denn Du bist meine Sonne!

Was soll das Gewimmer
Ich will Dich für immer
Ein ganzes Leben
Will ich Dir geben

Ohne Wenn und Aber
Und auch kein Gelaber
Will Dich lieben so
Daß Du bist am Ende froh!

An eine schöne Zeit

Vergessen und vorbei
Für Dich was ich
Die Zeit von uns Zwei
Doch nicht für mich

Gestorben und ganz tot
Sie lebt und ist
Liebe, die ist rot
Hab´ sie vermißt

Kann nicht neu beginnen
Du lebst und bist
Gedanken rinnen
Was mit mir ist

Was Du hast gegeben
Fort alles weg
Will neues Leben
Doch ohne Zweck

Nur nach hinten rennen
Zukunft bei Dir
Von Altem trennen
Geht nicht bei mir

Vergangenes entfernen
Und besiegen

Muß Vieles lernen
Stehen, liegen

An eine schöne Zeit
Anja mit Dir
Für mich alles weit
Zurück zu mir!

Auch ohne sie

Bist nicht heiter –
Doch du lebst weiter
Auch ohne sie –
Es klappt doch nie!

Aufbrechend

Ohne den Mut
Sie zu fragen
Was wäre gut?
Es ihr sagen?

Was denn und wie!
Nicht meine Art
So krieg´ sie nie
Bis zur Abfahrt!

Einfach wagen
Ohne denken
Ohne zagen
Und verrenken!

Und dann gehen
Rauf ins Zimmer
Wird er stehen?
Hab´ kein Schimmer!

Sie entkleiden
Und dann lieben
Ohne Leiden
In sie schieben

Aus die Not

Sah Dich stehen
Sah Dich gehen

Warst ein Traum
Und nur Schaum

Dich zu sehen
Und verstehen

Manche Zeit
Tut´s mir leid

Sind gegangen
Uns verschlangen

Für die Zeit
Nicht mehr weit

Wollten trennen
Nicht mehr rennen

War noch mehr
Als vorher

War Versuchung
Ohne Buchung

Schöner Mund
Tiefer Schlund

In Dich dringen
Und verschlingen

Voller Frust
Keine Lust

Willst nur gammeln
Und nicht rammeln

Seh Dich an
Was kommt dann

Keine Liebe
Ohne Triebe

Schon vorbei
Mit uns zwei

Was gewesen
Kann genesen

Wenn man liebt
Und auch gibt

Die Zeit verrinnt
Und man ist blind

Sieht nicht ein
Ist allein

So ist es aus
Und nichts kommt raus

Dann der Tod
Aus die Not!

Ausgesaugt

Sie krabbelt
Sie lebt

Sie krabbelt und klebt
Hoch und höher
Am Stiel und am Blatt
Und dann saugt sie sich voll
Berauscht sich am köstlichen Saft
Trunken von der Fülle
Sitzt sie erschöpft
Der andere kommt
Nimmt das Geschenk
Ausgesaugt bis zum letzten Tropfen
Fällt sie zu Boden
Vermodert

Aus ist die Not

Und wenn die Zeit
Ist doch kein Leid
Und wenn die Zeit
Noch ist sehr weit

Und wenn du dann
Bist nah heran
Und wenn du siehst
Wie sie ergießt

Und wenn sie nimmt
Wie es bestimmt

Und sie dann geht
Wenn sie versteht

Und wenn sie da
In jenem Jahr
Und dann bestimmt
Daß sie es nimmt

Und wenn du lügst
Sie nicht besiegst
Und wenn du tot
Aus ist die Not

Austritt

Und wieder lacht der Morgen
Verwischt die alten Sorgen

Du fühlst dich neu geboren
Zu Großem auserkoren

Du schwingst dich aus dem Bette
Dein Glückstag, jede Wette

Gewaschen und geputzt
Das Bärtchen schnell gestutzt

Die Sonne strahlt ganz helle
Du machst die große Welle

Nun schnell die Schuhe schnüre
Dann trete vor die Türe

Die Nase hoch du liegst da
Wo vorher noch das Häufchen war!

Und vom Gesichte strahlet
Die Bräune wie gemalet

Beatrice

Es steht das B
Für Herzeweh

Ein E danach
Gibt einen Krach

Das A das macht
Das alles lacht

Und dann im T
Ich vieles seh

Das R das zeigt
Wohin es neigt

Denn in dem I
Da steckt das Nie

Und dann das C
Sagt mir, ich geh

Und noch ein E
Das ist wie Schnee

Bei ihr sein

Anja weg
Von dem Fleck
Ist nicht mehr
Fällt mir schwer
Ohne sie
Geht es nie
Doch wie krieg
Ich den Sieg?
Sie so fern
Hätt´ sie gern
Will so viel
Nicht nur Spiel
Will sie sehen
Und verstehen
Bei ihr sein
Heißt daheim

Bin grad aufgewacht

Bin grad aufgewacht
Hab´ an Dich gedacht
Dachte mir,
schreib´ eine Karte Dir!

Blühendes Verglühen

Mit dem Frühling bist Du gekommen
Der Sommer hat Dich mir genommen

Kamst in mein Leben wie ein Orkan
Und entzogst Dich ihm gleich einem Schwan

Warst in meiner Nähe, als es warm
Und nicht mehr da, als der Winter kam

Hast Dich in mich hereingedrängt
Durch Dein Gehen alles eingeengt

Hast mir Sonne und Licht gegeben
Und nahmst es mir dann wieder eben

Durch Deine Liebe alles blühte
Mit dem Erkalten es verglühte

Du warst mein Herz, ich konnte schweben
Du nahmst es mit und auch mein Leben

Der Himmel auf Erden ganz in Weiß
Das was blieb ist kaltes, totes Eis

Brasilien

Banditen
Rauben
Alles
Sichtbare
Immer
Leben
In
Ernster
Not

Dahin zurück

Ich will leben
Ich will geben
Ich will schauen
Ich will trauen

Ich will reisen
Köstlich speisen
Ich will rauben
Von den Trauben

Ich will so viel
Und nur ein Spiel
Ich will Frauen
Nicht nur schauen

Ich will für mich
Auch ohne Dich
Will alles Glück
Dahin zurück

Dänen pflügen nicht

Siehst du den Mann
Auf dem Acker stehen
Er steht da und er schaut dich an
Er steht da und schaut
Bleibe stehen,
Sieh ihn an
Und du wirst sehen:
Dänen pflügen nicht…

Das kleine Tier

Es war ein kleines Tier
Das hatte sein Revier

Das war ziemlich groß
Das fand das Tier famos

Doch fehlte zu seinem Glück
Dem Tier das Gegenstück

Täglich strich es durch sein Land
Bis es dort ein Weibchen fand

Er hat so gut gerochen
Daß sie zu ihm gekrochen

Jetzt sind es nicht mehr zwei
Denn der Nachwuchs ist dabei

Das Mädchen aus Tvedestrand

Ich fuhr in einem fremden Land
Die Straße weit
Und sehr viel Zeit
Da stand sie am Straßenrand
Das Mädchen aus Tvedestrand

Gewitter, Regen, Donner, Blitz
So hielt ich an
Sie kam heran
Zog die Augen zu `nem Schlitz
Und saß schon im Nebensitz

Kein Wort nur „takk", so fuhr ich los
Sechzehn Jahre
Blonde Haare
Wasser tropfte in den Schoß
Ihre Augen grün und groß

Sie wickelte sich in ein Tuch
Es wurde kalt
Und dunkel bald
Dann nahm sie ein dickes Buch
Rums – ein Graben und ein Fluch

So standen wir im Regen nun
Ich stieg gleich aus
Sah nicht ein Haus
Der Regen floß in den Schuhn
Stand da, wußte nicht, was tun

So ging ich zum Auto zurück
Durch Matsch und Dreck
Kam kaum vom Fleck
Stieg ein, kein trockenes Stück
Ich dachte nur: Welch ein Glück!

Sie lachte laut, als sie mich sah:
Tropfend, triefend –
Zitternd, schniefend
Wie ein Idiot stand ich da
Und stotterte nur „na ja"

Sie gab mir ihre Decke und
Rubbelte mich
Wie vorher sich
Ich sah ihren schönen Mund
Spürte ihren Atem und

Ich fuhr in einem fremden Land
Die Straße weit
Und sehr viel Zeit
Da stand sie am Straßenrand
Das Mädchen aus Tvedestrand

Das Tor hinaus

Wenn Dich Gedanken quälen
Und Dir die Worte fehlen –
Dann mache die Augen zu
Und Du findest Deine Ruh´

In ferne Länder fahren
Wo die Elfen einst waren

Mit großen Fürsten speisen
Durch viele Märchen reisen

In Deine Vergangenheit
In eine glückliche Zeit
Nach Kinderträumen jagen
Alles noch einmal wagen

Die alten Götter sprechen
Und Raum und Zeit durchbrechen
Mal bist Du groß, mal ganz klein
Bist Fürst und wirst Bettler sein

Zu den Sternen hoch empor
Dann hinab zum Höllentor
Du bringst die Welt ins Wanken
Fliegst Du auf den Gedanken

Deine Gedanken

Du kannst denken
An die Nichten
Und ihnen schenken
In Gedichten

Du kannst träumen
Von den Räumen

Und kannst dann machen
Alle Sachen

Du kannst gehen
Ins Geschehen
Und dann behende
Mit der Lende

Was auch immer
Kein Gewimmer
Deine Gedanken
Sind die Schranken

Deine Liebe

Du bist fies und gemein
Willst nicht mehr meine Freundin sein

Spielst mit meiner Liebe
Teilst sie aus, die Hiebe

Machst mich verrückt dann wieder
Und schlägst mich danach nieder

Hoch und wieder runter
Treibst es immer bunter

Zeigst mir, wie es ohne mich
Daß Du lebst jetzt nur für Dich

Du willst mich vergessen
Bist von Anderm wie besessen

Machst nur noch, was Du willst
Damit Du Deinen Hunger stillst

Willst kein Leben zweisam
Läßt zurück mich einsam

Zerbrochen ist mein Herz
Alles in mir voller Schmerz

Hab´ mich fest gebunden
Dachte, daß das Glück gefunden

Es sollte sein für immer
Ich werde es bekommen nimmer

Du hast mich angelogen
Und danach die Liebe mir entzogen

Wozu noch weiter leben?
Hinfort nur einfach schweben!

Der Blumenfreund

Hunderte von Blumen
Auf der Wiese stehen
Sie leuchten in der Sonne
Und sind bildschön anzusehen

Dicht an dicht gedrängt
Blühen sie da
In rosa, in gelb, in rot, in blau
Und auch in lila

Der Wanderer kommt
Und ist ganz entzückt
Durch die Wiese springt er
Und pflückt und pflückt

Beim Pflücken nur nach
Den schönsten schaut er
Wenn er dann geht,
wächst auf der ganzen Wiese gar kein Kraut mehr!

Der Narr, er weint

Wenn man liebt
Man alles gibt

Keine Fragen
Und kein Zagen

Kein Wenn, Warum
Und kein: du bist dumm

Alles für den Andern
Die Gedanken wandern

Und die Sinne
Wie die Spinne

Sitzen in dem Netz
Und es geht ohne Hetz!

Es ist Dein Herz
Und ohne Schmerz

Das zu Dir spricht
Und Du hörst es nicht

Du schiebst es fort
Ohne ein Wort

Willst es nicht halten
Sondern selbst gestalten

Willst entscheiden
Und dann leiden

Verstehst es nicht
Und es geht, das Licht

Die Dunkelheit scheint
Und der Narr, er weint

Der große Zwerg

Oben auf dem Berg
Da steht ein Zwerg
Er ist nicht so klein
Wie er sollte sein

Seine Größe ist famos
Sag, wie kommt das bloß?
Normal noch als Kind
Wuchs er ganz geschwind

Weiter und weiter
Er war nicht heiter
Zu klein das Zimmer
Es wurd´ noch schlimmer:

Raus nur aus dem Haus
Das Dach gesprengt, o Graus!
Sie trieben ihn fort
Aus ihrem kleinen Ort

Er irrte lang umher
Verstand die Welt nicht mehr
Es braust heran die Flut
Für Zwerge gar nicht gut

Alles reißt hinweg
Nichts bleibt auf dem Fleck
Doch da, was ist das?
Etwas stoppt das Naß:

Der große Zwerg, er liegt
Das Wasser, es versiegt
So sind vereint am Ende
Alle Zwergenhände!

Der Wind treibt die Gedanken

Der Fjord liegt da so still und kalt
Man spürt die große Urgewalt

Der Wind pfeift übers Land dahin
Mit ihm fort die Gedanken ziehn

Sie treiben ruhelos umher
Tief ins Land und zurück zum Meer

Sie suchen und sie finden nicht
Denn nur das große Schweigen spricht

Sie singen von dem fernen Glück
Und bringen es doch nicht zurück

Es ist verloren für immer
Nur ein kleiner Hoffnungsschimmer

So treibt die Gedanken der Wind
So lange, bis wir nicht mehr sind

Des Lebens Bühne

Du betrittst des Lebens Bühne
Als der Starke, als der Kühne

Und deine Mutter ist so stolz:
Mein Sohn, der ist besondres Holz!

Und du wirst von ihr erzogen
Und du wirst von ihr gebogen

Du wächst heran behütet sehr
Und stellst auch keine Fragen mehr

Das Haus mußt du dann verlassen
Um Fuß selber nun zu fassen

Es findet sich, es wird nicht schwer
Wenn alles nur so einfach wär´!

Du suchst und suchst und findest nicht
Das Leben schlägt dir ins Gesicht

Nicht Frau, nicht Kind und gar nichts mehr
Wo willst du hin, wo kommst du her?

Du lebst, doch Leben ist es keins
Fragst nach dem wahren Sinn des Seins

Doch niemand der dich rufen hört
Ein jeder fühlt sich nur gestört

So gehen Jahre her und hin
Und du lebst ohne jeden Sinn

Die Rede hält am grab ein Mann
Der sagt, wie gut es doch begann

Warst gut und fröhlich und beliebt
Der beste Freund, den es nur gibt

Denn alle wußten wie du bist
Ein jeder hier, der dich vermißt

Doch als du warst am Leben noch
Zog keiner dich aus deinem Loch

So bist du froh, nun fort zu sein
Bist auch nichts anderes als allein!

Dich sehen (Hunger)

Denk´ an Dich
sehne mich
hin zu dir
schreit in mir
mein Gefühl
Kinderspiel
so verletzt
so entsetzt
gefangen
Verlangen
alleine
ich weine
ich giere
und stiere
Dich kriegen
besiegen

Dich saugen
mit Augen
Dich packen
im Nacken
Dich drücken
zerpflücken
Dich beißen
zerreißen
Dich sehen
verstehen

Die Elster

Die Elster krächzt
Nach Beute lechzt

Die Klauen scharf
Jagt nach Bedarf

Sitzt auf dem Mast
Ganz ohne Hast

Liebt das Strahlen
Und das Prahlen

Schaut nach Goldenem
Und Verschollenem

Im Schnabel packt
Und dann zerhackt

Sie ist schon ein edler Knabe
Am Ende doch nur – ein Rabe

Die Entscheidung

Sabine wollte denken:
Er oder er, was sollte sie tun?
Ihr Herz mir schenken?
Sie hat sich entschieden nun:

Gegen mich.
Die schwarzen Kugeln vor.
Für sich.
Aus. Schluß. Ein Eigentor!

Die Scheibe

Wudi fährt tuff, tuff
Erst peng und dann puff!
Wudi fährt noch immer
Die Sache: Schlimmer!

Scheibe? Weg ist sie!
Ja, wo ist sie hi?
Nicht mehr zu sehen
Wie kann das gehen?

Deutlich man sie hört
Das beim Fahren stört
So fährt man sehr schnell
Zu dem Ding von Bell

Dort dann angelangt
Wird ADAC verlangt
Was ist denn passiert?
Wird schon repariert!

Ne Stunde warten
Dann kann man starten:
Rauf auf den Schlepper
Nun mit Geschepper

In die nächste Stadt –
Wird denn dat auch wat?
Uns hilft der Meister
Mit sehr viel Kleister

Dann die Scheibe hält
Ach, was kost die Welt!
Kann jetzt fahren weiter
Und bin wieder heiter!

Die Schönste

Sie hängt am Busch und baumelt da
Ich weiß es ganz genau, weil ich sie sah

Im Frühling zart und fein
Was kann das wohl sein?

Im Sommer dann so weiß und rein
Erst ist sie grün und noch ganz klein

In der Sonne wächst sie rasch heran
Wird groß und dunkel und leuchtet dann

Kein Mädchen, das so wie sie wäre
Und doch ist sie nur - eine Himbeere

Die starken Mannen

Von hier fuhren sie einst
Die starken Mannen
Über alle Meere - In ferne Lande
Was sie suchten: wer weiß, ob sie es fanden

Sie trieben umher
Heimatlos und allein

Ihr Schicksal war meist
In der Fremde zu sterben

Man wartete am Hafen
Tagaus und tagein –
Vergebens - denn keiner kehrte zurück
Die Tränen füllten die Fjorde

Die Tränen so vieler
Sie stiegen hinauf
Hoch über die Berge
Die Wolken bringen sie wieder

Der Regen erinnert
An die vergangenen Zeiten
Als man noch hoffte
Das Glück zu finden

Die Wiese

An die Sonne denken
Dir dann Freude schenken
In den Himmel blicken
Mich an Dir entzücken

Auf der Wiese gehen
Dich da stehen sehen

Durch das Gras dann hüpfen
Und schnell zu Dir schlüpfen

Und das Bienensummen
Dann Dein sanftes Brummen
Fernes Hundekläffen
Wenn sich Zungen treffen

Und die Wolken droben
Sehen uns hier toben
Kleine Käfer denken:
Warum so verrenken!

Eine weiße Taube
Unsre Liebeslaube
Und sie fliegt von dannen
Um uns hohe Tannen

Sonne sinkt, Abendrot
Der Tag ist fast schon tot
Wieder wird er leben
Wenn ihm Licht gegeben

Nun die tausend Sterne
Funkeln in der Ferne
Du bist all das für mich
Anja, ich liebe dich!

Die Zarinnen

Es waren einst drei Zarinnen
Die lebten in einem fernen, weiten Land
Anastasia, Katharina und Majarowa
Sagt man, wurden sie genannt

Es waren einst drei Zarinnen
Die lebten freudig und auch heiter
Anastasia, Katharina und Majarowa
Waren füreinander tapfere Streiter

Es waren einst drei Zarinnen
Die trafen sich auch hin und wieder
Anastasia, Katharina und Majarowa
Bis der Alkohol sie schlug nieder

Drei Zarinnen sind es noch immer
Denen wünsche ich das Beste
Anastasia, Katharina und Majarowa
Zu diesem Weihnachtsfeste!

Die zeit tickt fort

Die Zeit tickt hier
Die Zeit tickt dort

Sie tickt bei Dir
An jedem Ort

Sie tickt für Dich
Und für Mama
Sie tickt für mich
Und für Papa

Sie tickt in Bern
Und in Heilbronn
Auf jedem Stern
Und auf der Sonn´

Sie tickt immer
Heut und morgen
Bei Gewimmer
Und bei Sorgen

Sie tickt leise
Und sie tickt laut
Auf der Reise
Wohin man schaut

Sie tickt weiter
Auch wenn Du gehst
Drum sei heiter
Wenn Du verstehst!

Disco-Girl

Es war in San Francisco
Da ging ich in `ne Disco
Ich sprach sie an beim Tanzen
So beginnen Romanzen

Auf zum Strand
Hand in Hand
Willst Du mich?
Ich liebe Dich!

Wir lagen im heißen Sand
Sonnenbrand an Sonnenbrand
Und blickten ins Abendrot
Da sahen wir ein Tretboot

Auf ins Boot
Auch ohne Lot
Willst Du mich?
Ich liebe Dich!

Wir trieben in dem Tretboot
Und gerieten in Seenot
Drei Wochen im Krankenhaus
Die Romanze war auch aus

Auf nach Haus´
Romanze aus

Willst Du mich?
Ich liebe Dich!

Doch schön

Lähmt die Fantasie
Hemmt mich wie noch nie
Nimmt die Lust
Und bringt mir Frust

Ist im Herzen
Bringt mir Schmerzen
Tut mir weh
Bis zum kleinen Zeh

Ist doch schön
Und sehr angenehm
Ist viel Geben
Ist mein ganzes Leben

Du bist das Schwein

Der Mensch ist schlecht
Sein Leid geschieht ihm recht
Er denkt an sich
Und immer ist es: Ich!

Das Gute ruht
Alles was er tut
Ist für ihn nur
Für andre keine Spur!

Er sagt und lügt
Er tut und betrügt
Er lächelt vorn
Und bläst dabei ins Horn!

Du glaubst und denkst
Ihm Vertrauen schenkst
Er nutzt dich aus
Zieht alles aus dir raus!

Und am Ende
Dann ganz behende
Bist du das Schwein
Und stehst da allein!

Du mittendrin

Die Zeit vergeht
Die Wolken ziehn
Der Wind sie weht
Über Berge hin

Hast geschlafen
Dir steht der Sinn
Nach Cuxhaven
Und nach Berlin

Du liegst im Wind
Die Sonne scheint
Du bist ein Kind
Das Herz, es weint

So grün die Welt
So voller Licht
Der Blick verstellt
Du siehst es nicht

Früchte reifen
Bienen summen
Gold'ne Streifen
Sanftes Brummen

Du mittendrin
Ein Vogel schreit
Wo fliegt er hin?
So weit, so weit

Edles Stück

Mein Penis liebt die Frauen
Er tut sie gern anschauen
Und wenn er sie gesehen
Fängt er an zu stehen

Er möchte dann gern weiter
Und hofft auf seinen Reiter
Wenn dieser aufgesessen
Beginnt auch schon das Fressen

Es geht vor und geht zurück
Immer nur ein kleines Stück
Er schiebt sich hin und schiebt sich her
Und die Beherrschung fällt ihm schwer

Doch schließlich darf er geben
Es geht ihm nichts daneben
Und wenn der letzte Sam´ entronnen
Fühlt er sich ganz benommen

Er zieht sich dann zurück
Das gute, edle Stück
Und wartet auf die nächste Runde
Doch nicht vor einer Stunde!

Ein bißchen Glück

Alles, was ich will
Ist ein bißchen Glück
Alles, was ich will
Ist – zu Dir zurück?

Ich frage mich:
Was soll denn bloß der Quatsch?
Denk´ doch nach –
Doch es macht nur immer ratsch

Manchmal, wenn ich Dich schon
Fast vergessen
Bin ich wieder wie von Dir
Besessen

Dann sehe ich Dich auch im Traum
Vor mir
Und wünsche nur, ich wäre dort
Bei Dir

Ich kann Dich nicht vergessen
Und doch
Der Verstand sagt: laß es sein –
Noch und noch

Das Gefühl zieht mich hin
Immer wieder
Ich leg´ mich hin und schließe
Meine Lider

Dann taucht es langsam auf vor mir
Dein Bild
Ganz klar und deutlich und
Es macht mich wild

Ich liebe Dich wie Du bist –
Stück für Stück
Alles, was ich will –
Ist ein bißchen Glück

Eine neue Welt

Eine Welt ganz ohne Sorgen
Stell Dir vor und das schon morgen!

Eine Welt ganz ohne Kriege
Nur noch Friede, keine Siege!

Eine Welt ganz ohne Hunger
Alle satt und kein Gelunger!

Eine Welt ganz ohne Neid
Ein jeder jedem nur verzeiht

Eine Welt ganz ohne Mord
In Sicherheit an jedem Ort

Eine Welt ganz ohne Geld
Man hat was einem so gefällt

Eine Welt ganz ohne Kranke
Ja, wär´ das nicht ein Gedanke!

Eine Welt ganz ohne Last
Ohne Eile und ohne Hast

Eine Welt ganz ohne Dich und mich
Denn mit uns Menschen geht das nich´!

Eine Wolke zieht über mir

Eine Wolke zieht über mir
Wo kommt sie her, wo will sie hin?
Der Himmel blau, was will sie hier!
Mit ihr zu fliegen, ist mein Sinn

Durch Täler und über Berge
Zu fernen Inseln im weiten Meer

Und sieht Gnome, Hexen, Zwerge
Und bringt Tränen so vieler her

Sie treibt im Wind so schnell voran
Sammelt Wasser, wird groß und schwer
Auf einmal fängt der Regen an
Ist er vorbei, dann ist sie leer

Eine Wolke zieht über mir
Wo kommt sie her, wo will sie hin?
Der Himmel blau, was will sie hier?
Mit ihr zu fliegen, ist mein Sinn

Eine Wolke zieht über mir
Der Himmel blau, ich schick´ sie Dir!

Einsam sucht Zweisam

Ich bin einsam
Bin allein
Wär´ gern zweisam
Wie gemein!

Denn ich bin lieb
Bin auch nett
Und lieg´ allein
In meinem Bett

Möchte küssen
Und noch mehr
Möchte wissen
Was so schwer

Kann es denn sein
Daß nur ich
Bin ganz allein
Und für mich?

Mich zu lieben
Seid willkommen!
Wer geblieben
Wird genommen!

Ein Schaf, das ist

Ein Schaf, das ist ein seltsam Tier
Es steht mal da und auch mal hier

Es zupft und kaut
Es blökt und frißt
Es liegt und schaut
Macht seinen Mist

Ist nett und zahm
Hat dickes Fell

Ist manchmal lahm
Dann wieder schnell

Das Schaf uns großen Vorteil bringt:
Wolle für den Schal, zum Putzen
Es stört nicht draußen, wenn es stinkt
Überwiegen tut sein Nutzen

Wir alle haben Schafe gern
Tätscheln Lämmchen zart den Kopf
Treu folgen Schafe ihrem Herrn
Sie folgen ihm bis in den Topf

Ein trauriger Brief

Das ist ein trauriger Brief.
Aber ich glaube,
es muß auch traurige Briefe geben.
Heute ist Montag.
Ein ganz toller Tag.
Der erste in diesem Jahr,
an dem es warm ist.
Richtig warm.
Ein Frühlingstag.
Einer von jenen Frühlingstagen,
wo ich mich früher immer wahnsinnig allein,
verlassen und hilflos gefühlt habe.

Weil alles so schön ist und es niemanden gab,
mit dem ich es teilen konnte.
Ein Gefühl der Einsamkeit, der Leere.
Jetzt dürfte es nicht so sein.
Aber Du bist nicht da,
Du bist so weit weg und ich habe Angst.
Ich fürchte mich.
Das war ein trauriger Brief.
Aber weißt Du, jetzt ist er geschrieben.
Ich liebe Dich.

Episode

Ich dachte
Ich ging
Ich lachte
Ich hing

Ich sah
Ich schaute
Ich war
Ich baute

Ich küßte
Ich besaß
Ich büßte
Ich vergaß

Erkenntnisse und so...

Aus meiner frühen Bröckelphase

Brain-bröckeling

Bröckeln sie weiter!

Dadurch, daß ich keine Zeit verplempern will,
vergeude ich Unmengen davon!

Die Kunst ist es nicht, etwas zu unterlassen,
was man sowieso nicht hätte tun können,
sondern, etwas nicht zu tun,
obwohl man die Möglichkeit dazu hat!

Dieser Beuler ist ein Heuler!

Du bröckelst wohl nicht richtig!

Ein Tag hin
Ein Tag zurück
Zwei Tage hier im Glück!

Es jumped der Otter
Es springt der Elch
Und Mausi säuft den nächsten Kelch!

Für das gute Gäste nur die Reste!

Jede Wiederholung ist eine Bindung

Trizone – Bizone – Amazone

War eine Militärkolonne
Die floh vor zu viel Sonne
Sie floh zu einem Meer
Da stand so eine Fähr´
Auf der schwimmt sie nach Schweden
So ist das eben!

Was für mein Gedächtnis?
Brauch ich nicht!
Ich hab ein gutes Gedächtnis!
Ich kann mir alles merken -
Was ich nicht vergesse!

Was ist eine Primzahl?
Eine ungerade,
Nicht durch drei teilbare Zahl

Wenn Dinge zu Ende gehen,
Müssen sie irgendwann vorher einmal
Begonnen haben!

Wenn von drei Meerschweinchen eins stirbt,
Ist die Wahrscheinlichkeit,
Daß zwei übrig bleiben,
Sehr groß!

Es ist weg

Ich will sie kosten, die Ewigkeit
Spüren einen Moment Unendlichkeit
Und dann versinken im
niemals endenden Universum!
Ich will eins sein mit mir und mit Dir
Und auf ewig verschmolzen treiben in
der Zeit.
Aber, ich habe Dich nicht
Ich hatte Dich gefunden
Und ich habe Dich gehen lassen

Und auf ewig ist es nur einmal.
Und deshalb wird es nie wieder sein
Außer in der Unendlichkeit!
Man kann nur einmal richtig lieben
Nur einmal.
Und wenn man dieses eine Mal
an den Falschen gegeben hat
Dann ist es weg
Für immer weg.
Ich habe es verschwendet
Ich habe es verschenkt
Und es ist gegangen.
Es ist weg.

Ewig vergangen

Du brachtest Sonne in mein Leben
Und mich dazu, zu schweben
Ich war Dir sofort verfallen
Mit Haut und Haar und allem

Jede Sekunde, die ich ohne Dich
War die reinste Qual für mich
Ich wollte nur noch Dich ansehen
Und mit Dir spazieren gehen

Ich wollte Deine Wärme spüren
Und Deine Haut berühren
Dann über Deine Wange streichen
Und den Hals zum Kuß erreichen

In Deine Augen tief zu blicken
Rief hervor in mir Entzücken
Deine Lippen zu verschließen
Das ließ die Gefühle sprießen

Doch meine Augen wurden blind
Und ich benahm mich wie ein Kind
Nicht fassen konnte ich mein Glück
So zerstörte ich es Stück für Stück

Nun steh ich da, bin ganz alleine
Sehe zurück und weine
Die Tränen fließen nun ganz munter
Sie fließen an mir herunter

Doch, wenn sie auch zu Bächen werden
Nichts gibt es hier auf Erden
Was Dich zu mir her bringt zurück
Ewig vergangen ist mein Glück

Fliegende Schwäne

Und bist Du nicht da
Was ist dann mit mir
Wenn ich Dir nicht nah
Sehne mich nach Dir

Und will Dich spüren
Wärme Deiner Haut
Und dann verführen
Und Du bist so laut

Und Deine Stimme
Dich ich vernehme
Raubt mir die Sinne
Fliegende Schwäne

Für ein ganzes Leben

Ein Anruf von Dir
Bringt so viel Sonne mir
Deiner Stimme Klang
Macht das Böse krank

Ich freue mich so sehr
Was kann es geben mehr?

Mein Herz, das springt empor
Blauer Himmel kommt hervor

Alles in mir lebt
Voll Glück nach oben schwebt
Du bist meine Welt
Die nur durch Dich erhellt

Nie mehr soll es sein
Daß ich ohne Dich allein
Will Dich halt eben
Für ein ganzes Leben!

Für immer allein

Mein Leben ist ein Trümmerhaufen
Da bleibt nur noch das Saufen!

Alles, was geliebt, ist gegangen
Gedanken sind gefangen

Sie hängen an dem, was einst geschah
Du bist fort und nicht mehr da

Warum ist es so weit gekommen?
Ich hab´ Dich mir genommen

Du wolltest bei mir sein und bleiben
Ich zog es vor, zu leiden

Als das Licht war in der Dunkelheit
Da warst Du von mir befreit

Ich wollte bei Dir bleiben immer
Du mich jetzt sehen nimmer

Kälte kam nur noch von Dir zu mir
Und ich wollt´ Dich haben hier

Kann nicht verstehen, wie Du dachtest
Und warum Du das machtest

Mein Leben habe ich gegeben
Und lag voll damit daneben

Du gehst und wirst nie mehr bei mir sein
Und ich bleibe für immer allein!

Ganz spontan

Ich sah Dich im Betrieb
Und sagte ganz spontan:
Du, ich hab´ Dich lieb´!
So fing das mit uns an

Du schautest nur ganz groß
Und dachtest wohl bei Dir:
Was ist mit dem nur los
Was will der denn von mir?

Ich wurde schnell ganz rot
Und wußte nicht wohin
Ich wünscht´ ich wäre tot
Es war damals so schlimm

Ich stotterte herum
Du sahst mich fragend an
Was dann kam war nur dumm
Ich will Dich treffen – Warum?

Es rutschte mir so raus
Damit war es vorbei
Am Anfang schon gleich aus
Was wird nun aus uns zwei?

Dein Mund stand offen weit
Ich war total entzückt
Es blieb mir keine Zeit
Was nun kam war verrückt

Ich machte einen Schritt
Und zog Dich zu mir ran
Du machtest einfach mit
Gab einen Kuß Dir dann

Als dieses war getan
Und ich den Hieb erwart´
Sahst Du mich strahlend an:
Noch einen auf die Art!

Dein Wunsch war mir Befehl
So fing das mit uns an
Ich mach´ daraus kein´ Hehl:
War nur der Zufall dran!

Doch das ist lange her
Wir zwei sind heut´ ein Paar
Und lieben uns so sehr
Wie es am Anfang war!

Gegenüber

Jetzt sitz ich hier auf dem Balkon
Und warte, warte auf die Sonn´

Doch Wolken ziehen dran vorbei
Und sorgen, daß sie flücht´ger Gast uns sei

Die Vögel, die den Frühling grüßen
Ich hier um Ruhe zu genießen

Doch Ruhe bleibt uns nur ein Traum
Dank Neuendorfs im Nebenraum

Alle sind sie hin gekommen
Haben Ruhe sich zum Krach genommen

Der Vater pafft, die Kinder schreien
Die Mutter brüllt, warum nicht ruhig sie seien

Es gibt solche und gibt jene
Lächle nur – und zeig´ die Zähne!

Geküßt

Geküßt und nichts gewesen
Geküßt und nicht genesen!
Geküßt und aus vorbei
Geküßt und einerlei!

Du sahst mich an und sagtest:
Ach, laß´ mich bei Dir sein!
Du sahst mich an und fragtest:
Es gibt doch wohl kein Nein?

Geküßt und nichts gewesen
Geküßt und nicht genesen!
Geküßt und aus vorbei
Geküßt und einerlei!

Ein Kuß der bitter schmeckte
Denk´ ich daran zurück!

Weil Vieles in ihm steckte
Nur nicht mein Weg zum Glück!

Geküßt und nichts gewesen
Geküßt und nicht genesen!
Geküßt und aus vorbei
Geküßt und einerlei!

Du sahst mich an und fragtest:
Der Kuß war wunderbar?
Du sahst mich an und sagtest:
Dann sind wir nun ein Paar!

Geküßt und nichts gewesen
Geküßt und nicht genesen!
Geküßt und aus vorbei
Geküßt und einerlei!

Noch eh ich es begriffen
War es um mich geschehen!
Und hätt´ ich gern gekniffen
Ich konnte nicht mehr gehen!

Geküßt und nichts gewesen
Geküßt und nicht genesen!
Geküßt und aus vorbei
Geküßt und einerlei!

So lebten wir gemeinsam
Ein jeder nur für sich
Und waren beide einsam
So Jahr um Jahr verstrich

Geküßt und nichts gewesen
Geküßt und nicht genesen!
Geküßt und aus vorbei
Geküßt und einerlei!

Dann war der Tag gekommen
Neu sollte alles sein
Hast alles mir genommen
Mach darauf einen Reim!

Geküßt und nichts gewesen
Geküßt und nicht genesen!
Geküßt und aus vorbei
Geküßt und einerlei!

Geöffnet

Meine Augen sahen Dich
Und ich verliebte mich
Du warst mein Traum
Und nahmst allen Raum

Ich war total verschossen
Und habe es genossen
Die Welt war Dein und mein
Und alles nur für Dich allein

So lebte ich zufrieden
Und es wäre so geblieben
Doch Du warst nicht bereit
Für eine lange Zeit zu Zweit

Du hattest viele Sachen
Die ich sollte machen
Das war das Problem
Es war nicht sehr angenehm

Ich sollte von allem scheiden
Mit und ohne Leiden
Doch ich wußte nicht
Wo ist es, das Licht?

Dein Wunsch, der war so klar
Und alles kam in Gefahr
Denn mein Zögern brachte
Daß da was erwachte

Frau und Freundin sind nun weg
Hat alles keinen Zweck
Ich bin jetzt ganz allein
Und so soll es wohl sein!

Mein Leben endlos fristen
Nur mit Bananenkisten
Weg bist Du für immer
Da hilft auch kein Gewimmer

Wenn weiter ich will leben
Muß ich was von mir geben
Das, was alles ist nur Dein
Soll mein eigen wieder sein

Weit geöffnet für die Liebe
Hab ich erhalten viele Hiebe
Am Ende aber sehe ich:
Es geht auch ohne Dich!

Groß wie ein Spatz

Ein kleiner Platz,
groß wie ein Spatz.
Willst Du ihn füllen,
reicht ein Satz!

Halt nur allein

Das Ja und Nein
Es muß so sein

Denn Nein und Ja
Ist wunderbar

Was nun vorbei
Ist einerlei

Du bist hinfort
Da hilft kein Mord

Muß weiter sein
Halt nur allein

Ich am Strand

Ich am Strand und Schampus in der Hand
Und die Leber in Gefahr
Ich am Strand und die Erinnerung daran
Daß ich einmal nüchtern war

Ich dahin

Ja und nein
Trinke Wein

Schwarz und weiß
Wie ich heiß?

Rot und blau
Ist genau

Dunkel und
Ohne Grund

Liegt am Licht
Daß es nicht

Und noch mehr
Wenn es wär´

Sonne scheint
Himmel weint

Und ich seh
Nicht nur Schnee

Sonne hier
Du bei mir

Oben Mond
Der da thront

Sonne weg
Von dem Fleck

Mond noch da
Wo er war

Dunkle Nacht
Hat die Macht

Ich bin da
Wo ich war

Mein Leben
Gegeben

Ich dahin
Und ich bin

Nun allein
Will es sein

Du der Traum
Der jetzt Schaum

Du das Aas
Das mich fraß!

Ich taumel so dahin

Ich taumel so dahin
Und seh im Leben keinen Sinn

Weine mal und lache
Weiß nicht, was ich warum mache

Lerne hier, strebe dort
Und will doch eigentlich nur fort

Streite mich, mecker rum
Und manche meinen, ich sei dumm

Bin unausstehlich, ja
Frage mich: Wozu ist man da!

Liebe mich, das Leben
Und ich hätte viel zu geben

Ich taumel so dahin
Und wart´, bis ich am Ziele bin

Ich wäre gern der Nikolaus

Heute kommt der Nikolaus
Er kommt in jedes Haus

Er bringt viele Sachen fein
Für alle groß und klein

Die Augen leuchten helle
Schaust du auf die Schwelle:

Dort die geputzten Stiefel stehen
Schöne Dinge sind zu sehen!

Nicht nur Nuß und Mandelkern
Auch andre Dinge hat man gern

Da gibt es Autos, gibt es Puppen
Du beginnst zu schlucken

Was du schon wolltest immer
Für dein Kinderzimmer

Ich wäre gern der Nikolaus
Dann käm ich in Dein Haus

Du ließest mich herein
Und wir könnten zweisam sein

So lieg im Bett alleine ich
Und vermisse schrecklich Dich

Und denke mich als Nikolaus
Der teilt Dir seine Rute aus!

Immer nur Lächeln

Immer nur lächeln.
Eine Maske fiel von ihm ab
und sein innerstes Ich kam zum Vorschein.
Ein Ich, das schon immer dagewesen war,
das er lange verborgen hatte
und das an ihm gefressen hatte innerlich.
Genagt,
unaufhörlich
und jetzt hielt er es nicht mehr aus:
es brach durch.
Alles, was er lange Jahre verborgen hatte –
vielleicht aus Angst,
wer weiß warum –
es brach hervor,
mit unbändiger Gewalt.
Einer Gewalt, die ihn erschreckte,
befremdete.
Er kannte diese Gewalt nicht.
Sie war auch für ihn neu
und er mußte erst lernen, mit ihr umzugehen.
Ja, er mußte es lernen,
wenn er nicht untergehen wollte.
Er mußte.

Im Traum

Im Traum, da hab´ ich sie gesehen
Im Traum, da wollt´ sie mit mir gehen!
Im Traum, da war sie bei mir
Im Traum, da war ich ganz nah bei ihr

Nach dem Traum, als ich bin aufgewacht
Nach dem Traum, am Ende dieser Nacht
Nach dem Traum, war sie nicht zu sehen
Nach dem Traum, da half auch kein Flehen

Im wahren Leben ist es schwerer
Im wahren Leben ist es leerer
Im wahren Leben fühlst du dich klein
Im wahren Leben bist du allein

Zurück im Traum, im endlosen Raum
Zurück im Traum, kannst du sie wieder schaun
Zurück im Traum, ist sie wieder hier
Zurück im Traum und sie spricht mit dir

Im Traum, da baust du dir deine Welt
Im Traum, ganz so wie sie dir gefällt
Im Traum, da fließt alles andre fort
Im Traum, so bleibst du an diesem Ort!

In Alfoten

Wir sind nach Alfoten gefahren,
Zu zehnt damals wir waren.
Drei Autos waren dabei,
In einem da fuhren nur zwei.

Wir richteten uns häuslich ein,
Waren auch die Zimmer etwas klein.

Die Gegend reizte zum Wandern
Mal traf es den einen, mal den andern:
Verstaucht, gebrochen,
Nach Hause gekrochen.

Angeln konnte man hier prima
Und auch das Klima:
Luft, Wasser und Sonne
Und Regen: pro Tag so `ne Tonne.

Zum Fischen hinaus im Boot;
Man fing sie und schlug sie tot.
Ausgenommen mit dem Messer –
Gebraten schmeckten sie besser.

Über den Wasserfall kreuz und quer,
Einmal, da fuhren wir zum Meer.

Es gab auch Ärger, gab auch Krach –
Abends waren wir sehr lange wach.
Morgens schliefen wir fest und tief,
Bis uns die Hupe zum Aufstehn rief.

Reis, Nudeln und oder Fisch,
Kamen jeden Tag auf den Tisch.
Malefiz und „4 gewinnt" –
Sparfeld, der spinnt:

Auf der Jagd mit dem Bogen,
Aber die Pfeile, sie flogen!
Zuerst nicht weit, ziemlich nah –
Dann besser, wie man sah!

Die Zeit lief fort –
Es gab manch böses Wort:

Zu Recht, zu Unrecht –
Manchmal ging es schlecht.
Dann wieder besser –
Das Lied vom „Menschenfresser".

Es war unerhört
Das „Feeling" der Gruppe:
Angeknackst, zerstört
Durch den Aufstieg zur Kuppe?

Gespielt, gescherzt.
Gelacht, geschmerzt.

In dem Land, dem stillen weiten

Sonne auf den Bergen
Träumst du da von Zwergen
Und von Trollen oder Feen
Die du niemals nie gesehen

Von dem Leben dieser Kleinen
Die auch lachen, die auch weinen
Die genauso sind wie wir
Hab sie gesehen, glaub es mir

Und ihr Land, das wilde weite
Das im Winter tief durchschneite
Im Sommer dann ein Blumenmeer
So, als wenn´s schon immer wär

Ja, sie wollen verborgen leben
Nicht nach Macht und Reichtum streben
Wollen sein wie zu alten Zeiten
In dem Land, dem stillen weiten

In der Zeit

Ja und nein
Was wird sein
Groß und klein
O, wie fein!

Hoch und tief
Welch ein Mief
Raus und weg
Ohne Zweck!

Und Gefühl
Nur Gewühl
Macht es gut
Mit viel Mut

Wenn du denkst
Und verschenkst
Dann dein Herz
Ohne Schmerz

Siehst sie an
Und was dann:
Nur ein Blick
Welch ein Kick

Ihre Augen braun
Dich anschaun
Alles sehn
Und verstehn

In der Zeit
Ist es weit
Du und sie
Endet nie!

In Ewigkeit

Wenn du im Leben
So viel hast gegeben
Und fühlst dich leer
Und willst nicht mehr

Es ziehen Tage
Und es bleibt die Frage:
Alles wofür?
Mach zu die Tür!

Und auf einmal dann
Fängt etwas Neues an:
Von jetzt auf hier
War sie in dir!

Kannst nicht verstehen
Und es auch nicht sehen
Du fragst dich dann:
Warum und wann?

Leuchtend und so hell
Und alles ging so schnell
Sie ist so toll
Mein Herz so voll

Immer sein wo sie
Nicht mehr verlassen nie
Leben zu zweit
In Ewigkeit!

In Norwegen im Norden

In Norwegen im Norden
Da stehen die Häuser
Direkt an den Fjorden

In Norwegen im Norden
Da laufen die Elche
Im Wald und in Horden

Nach Norwegen im Norden
Da sind nach Alfoten
Verschlagen wir worden

Isoliert

Ich lieg´ in meinem Zelt
Und träum´ so vor mich hin
In meiner kleinen Welt
Wo ich mein König bin!

Ich lieg´ in meinem Zelt
Und seh die Sonne an
Sie schien auf meine Welt
Schon als der Tag begann!

Ich lieg´ in meinem Zelt
Und Vogelstimmen viel
Besingen meine Welt
Ich bin an meinem Ziel!

Ich lieg´ in meinem Zelt
Und seh den Menschen zu
Zerstören ihre Welt
Und lassen mich in Ruh´!

Ich lieg´ in meinem Zelt
Es steigt die Angst davor
Zu gehen in die Welt
Weil den Kontakt verlor!

So leb´ ich in dem Zelt
Und kann der König sein
In meiner kleinen Welt
Doch einsam und allein!

Ist ein kleiner Kuß (1)

Ist ein kleiner Kuß
Der irrt durch Raum und Zeit
Er irrt, weil er es muß
Sein Weg, der ist so weit

Er soll von mir zu Dir
Doch hat er ein Problem
Weil er geschickt von mir
Willst Du ihn gar nicht sehn!

Ist ein kleiner Kuß (2)

Ist ein kleiner Kuß
Der wartet hier bei mir

Es packt ihn schon der Frust
Weil er nicht kommt zu Dir!

Ist ein kleiner Kuß (3)

Ist ein kleiner Kuß
Suchte in dem weiten Land
Hatte viel Verdruß
Bis schließlich Dich er fand

Ist ein kleiner Kuß (4)

Ist ein kleiner Kuß
Der hat gewartet hier
Und darf nun zum Schluß
Schnell hin zu Dir!

Ist ein kleiner Kuß (5)

Ist ein kleiner Kuß
Will zu seinem Ziel
Kommt an einen Fluß
Sucht nach einem Deal

Ist ein kleiner Kuß (6)

Ist ein kleiner Kuß
Und der Abend geht
Ist für ihn Verdruß
Er nach Dir nur späht!

Ist ein kleiner Kuß (7)

Ist ein kleiner Kuß
Will hin zu der Bea
Denn es ist ein Muß
Daß er will heran da näher!

Ist ein kleiner Kuß (8)

Ist ein kleiner Kuß
Wartet hier bei mir
Bis er gehen muß
Dorthin fort zu Dir!

Ist ein kleiner Kuß (9)

Ist ein kleiner Kuß
Der nicht weiß, was ist

Ist ne doofe Nuß
Weil Du seine Liebe bist!

Ist ein kleiner Kuß (10)

Ist ein kleiner Kuß
Der hat erneut Verdruß
Denn er suchte hier
Umsonst nach Dir!

Ist ein kleiner Kuß (11)

Ist ein kleiner Kuß
Der bahnt sich seinen Weg
Weil zu Dir er muß
Selbst über einen Steg

Ist ein kleiner Kuß (12)

Ist ein kleiner Kuß
Der folgt am Schluß
Er folgt den andern zwei
Denn der guten Dinge sind drei!

Ist ein kleiner Kuß (13)

Ist ein kleiner Kuß
Der warten muß
Bis ihren Spaß sie hatte
Meine Morgenlatte!

Ist ein kleiner Kuß (14)

Ist ein kleiner Kuß
Der fährt schnell mit dem Bus
Und heut im Theater Dir
Wünscht er viel Spaß von mir!

Ist ein kleiner Kuß (15)

Ist ein kleiner Kuß
Der sehnt sich so nach Dir
Und kommt vielleicht auch ohne Bus
Noch hin von mir zu Dir!

Ist so eben

Ich bin allein
Und saufe Wein

Fühle mich schlecht
Und das ist echt

Du bist so weit
Genießt die Zeit

Ich kann es nicht
Das Herz zerbricht

Nichts ohne Dich
Nichts nur für mich

Kann nur allein
Es mit Dir sein

Mein Glück zerbricht
Willst Du es nicht

Alles geben
Für das Beben

Sehne mich so
Nicht nur nach Po

Will Dich halten
Und auch spalten

In Dich dringen
Mit Dir ringen

Alles geben
Ist so eben

It Is So

Is it right
Or is it wrong

Is it bad
Or is it strong

Is it high
Or is it low

Don´t think
It is so!

Jahresende

Wenn die Ente an dem Bach
Macht am Abend Krach
Dann denken viele Leute
Warum gerade heute?

Wenn der Schwan dann auf dem See
Schwimmt im ersten Schnee
Weiß niemand mehr zu sagen
Wann der Winter ist zu schlagen

Wenn das Bläßhuhn lauthals schreit
Zur Paarung ist bereit
Der Frühling ist im Lande
Und alle gehen zum Strande

Wenn die Möwe nicht mehr fliegt
Der Sommer sich ergibt
Er macht nun Platz dem Winter
Und ich bleib´ dann bei Günther!

Käfermädchen

Rotblonde Haare
Lang, gelockt
Schwarzes T-Shirt
Blaue Jeans
Ausgewaschen
Weißgraue Turnschuhe
Dein Vater fährt
Einen alten Käfer
Silberblau
Wie Deine Augen.

Deine Mutter hat
Eine gute Figur
Wie bei Dir schon
Zu erkennen.
Vierzehn vielleicht
Gehst an mir vorbei
Soll ich folgen?
Müßte.
Kann nicht.
Darf nicht?
Und wenn
Was dann?
Wieder da
Vorbei.
Sanfte Wölbung
Ihres Körpers
Wachsend
Entstehend
Knospend
Jugendlich
Frisch
Und unschuldig.
Kein Name
Nur ein Bild.
Erinnerung und Vergangenheit
Obwohl
Noch Gegenwart.

Kaltes Herz

Kaltes Herz
Bringt viel Schmerz

Kaltes Herz
Nach dem März

Kaltes Herz
Bist aus Erz

Kaltes Herz
War ein Scherz

Kaltes Herz
Himmelwärts

Kein Zurück

Du bist gemein
Läßt mich allein!
Willst ohne mich
Denkst nur an Dich!

Was ist geschehen
Nun am Vergehen

Du bist so kalt
Fühl´ mich so alt!

Ich war böse
Von Dir löse
Hab es versucht
Und es verflucht

Für uns und Dich
Müßt schlagen mich
Alles geben
Und mein Leben

Du glaubst mir nicht
Weil kein Verzicht
Auf meine Frau
Wie bist Du schlau!

Hab es gesagt
Bevor gewagt
Das bin nicht leicht
Und Dir bald reicht

Du wolltest mich
Und ich nur Dich
Wollten wagen
Ohne Zagen

Die andern nein
Dagegen sein
Machten Kummer
Weckten Schlummer!

Zweifel kamen
Erst nur Samen
Sie wuchsen dann
Sehr groß heran

Und am Ende
Kam die Wende
Hast entschieden
Mich gemieden

Mein ganzes Sein
Immer allein
Zurück zu Dir
Verstellst es mir!

Kleiner Mann

Ist klein der Mann
Denkst du nicht dran

Wie bös er im Herzen
Er bringt dir Schmerzen

Er sagt und denkt
Und alles lenkt

Und wer ihm redet wider
Wird von ihm gemetzelt nieder

Wenn du merkst, wie es ist
Dann hilft auch keine List

Du bist der Verlierer
Und bebst immer wieder!

Knospend

Kartenspielend mit dem Bruder
Bist ein kleines, freches Luder

Schaust mich an mit einem Blick
Jeder fällt herein auf diesen Trick

Blonde Haare, Augen blaue
Ich weiß schon, warum mißtraue

Spielst mit Deiner knospend Jugend
Und ich vergeß dabei die Tugend!

Kreislauf

Dunkler Wald am Ufer steht
Großer Vogel einsam Kreise zieht
Die Sonne ihre Runde dreht
Und alles auf der Welt sie sieht

Der Mond erscheint am Himmel
Der Kuckuck ruft am andern Ufer
Von den Schafen her Gebimmel
Und das Käuzchen einsam Rufer

Dunkle Nacht hat sich gelegt
Stille ist gekommen überall
Der Lärm des Tages weggefegt
Und es rauscht nur der Wasserfall

Langsam weicht die Kühle nun
Denn dem Leben wächst ein neuer Tag
Es hatte Zeit sich auszuruhn
Und es erwacht – Schlag auf Schlag

Vögel stimmen Lieder an
Aus der ganzen Wiese schwirrt es nun
In Sonnenstrahlen baden dann
Und alle haben viel zu tun

Sonne steigt ganz hoch empor
Läßt ganz friedlich scheinen unsre Welt
Wer denkt noch, daß des Nachts er fror?
Und jeder hofft, es ewig hält

Land im Norden

Land im Norden
Land der Wälder
Land mit Fjorden
Und Land der Felder

Land der Berge
Land der Seen
Land der Zwerge
Und Land der Feen

Ich hab´ dich gesehen
Und hab´ deine Macht gespürt
Und es ist geschehen
Du hast meinen Geist verführt

Man fühlt sich dort so frei
Man fühlt sich stark wie keiner
Und doch Schwermut dabei
Nichts und niemand ist kleiner

Die Sehnsucht dringt ins Herz
Wenn der Regen draußen tropft
Sie bringt dir großen Schmerz
Wenn dann an dein Herz sie klopft

Was doch das Wetter macht
Du willst vor Freude springen
Wenn dann die Sonne lacht
Und wenn die Vögel singen!

Leben

Und wieder strahlt die Sonne
Und wieder auf den See
Und wird es tun ein Leben
Auch wenn ich von hier geh´!

Und läßt das Wasser glitzern
Und strahlt wie Edelstein
Und auf den Strahlen reiten
Ein Teil von ihnen sein!

Und bringt dem Leben Wärme
Und neues Licht dazu
Und geht am Abend schlafen
Wir legen uns zur Ruh´!

Und kommt ein neuer Morgen
Und wieder strahlend hell
Und laß´ ihn uns genießen
Das Leben geht so schnell!

Und wenn der Tag vergangen
Und es dein Abend ist
Und denkst an all das Schöne
Dann hast du nichts vermißt!

Mautolia

Mautolia du freies Land
Mautolia reich mir die Hand

Du mein Mautolia
Du mein Mautolia

Mautolia du leuchtend Stern
Mautolia so nah so fern

Du mein Mautolia
Du mein Mautolia

Mautolia dein schöner Klang
Mautolia lang lebe lang

Du mein Mautolia
Du mein Mautolia

Meine Liebe, mein Leben

Einmal nur im Leben
Wird es sowas geben
Einmal nur wirst du es finden
Einmal nur auf ewig binden

Wenn der Tag gekommen
Und du ihn erklommen
Den Berg der Seligkeit
Und hast dort deine Freiheit

Dann ist es wunderbar
Schöner noch, als alles war
Mit ihr zusammen sein
Ist wie junger, frischer Wein

Freiheit ist das Streben
Alles nur mit ihr zu leben
Und in deinem Denken
Willst du alles ihr nur schenken

Und die bangen Tage
Wenn du stellst die Frage

Denkt sie auch wie du darüber
Oder bist du nur für ihr Fieber

Am Ende wird es sein
Du bist mit ihr allein
Und wenn der Kreis sich schließt
Dann, weil die wahre Liebe sprießt!

Meine Tränen

Und wenn es Regen wäre
Der sich vom Himmel weint
Und dann mit meiner Zähre
Zu einer sich vereint!

Und wenn es Sonne wäre
Die sich vom Himmel lacht
Und dann mit meiner Zähre
Auf Deinem Lid erwacht!

Und wenn der Mond es wäre
Der sich vom Himmel scheint
Und dann mit meiner Zähre
Für Dich ein Ständchen reimt!

Und wenn der Wind es wäre
Der sich vom Himmel bläst

Und dann mit meiner Zähre
Ganz still und leis verwest!

Und wenn ein Stern es wär
Der sich vom Himmel fällt
Und dann mit meiner Zähr
Erwacht in neuer Welt!

Und wenn gar Du es wärest
Unter all den Schwänen
Und mein Gewissen zährest
Wo sind meine Tränen!

Meine Welt

Wird jetzt bald
Doch sehr kalt

Zieh mir lieber
Pulli über

Gehe dann
Irgendwann

In das Zelt
Meine Welt

Melanie

Zuerst hab´ ich sie nicht beachtet
Sie eigentlich gar nicht gesehen
Danach hab´ ich nach ihr geschmachtet
Und wollte gerne mit ihr gehen!

Melone wollte sie geschnitten
Die Kundin da am Obst rumstand
Weiß nicht, was mich denn da geritten
Am Ende gabst Du mir die Hand

Sie war ganz kalt vom TK-füllen
Doch wie ich sie an mir gespürt
Da fielen mir vom Aug´ die Hüllen
Und meine Sinne warn verführt

Erst jetzt, da sah ich Dich so richtig
Sah Dein Gesicht und die Figur
Das war mir vorher nicht so wichtig
Und Du machst auch noch Abitur

Und auf der Straße sah ich gehen
Auf der Seite gegenüber
Und ich konnte nicht von ihr sehen
Und fuhr einfach so hinüber

Wir gingen dann ein Stück zusammen
Und sie erzählte auch von sich
Ist aber leider links gegangen
Und überlies dem Schicksal mich

Darauf ich konnte kaum noch schlafen
Ich wußte nicht, was sollt ich tun
Bis wir uns endlich wieder trafen
Und meine Blicke auf ihr ruhn

Es lief ganz gut und doch daneben
Sie will nicht mich, hat einen andern
So fließt sie fort aus meinem Leben
Mir bleibt nichts, als weiter wandern!

Mit dir allein

Du läufst vor dir weg
Bis ans Ende der Welt
Und da stehst du dann
Mit dir ganz allein!

Mit Haut und Haaren

Ich möchte ihre Lippen küssen
Über ihre Brüste streichen

Durch ihre Haare wühlen müssen
Endlich ihren Po erreichen

Mich langsam zwischen Schenkel schieben
An mich drücken und dann pressen
Und wild und zärtlich paarend lieben
Sie mit Haut und Haaren fressen!

Namibia

Viel Sand gab ihm den Namen
Des Grautiers Sprache ist sein Amen
Trotz Freiheit in dem Land
Halten doch viele ihren Rand!
Kannst Du die Antwort singen,
Darfst Du zum Start mich bringen!

Nebelschwaden

Nebelschwaden ziehen
Über einen See
Und im Wellenspiel
Glitzern sie wie Schnee

Nebelschwaden ziehen
Übers weite Land
Künden von der Liebe
Die dereinst verschwand

Nebelschwaden ziehen
Durch den alten Ort
Gehen in jeden Winkel
Und dann wieder fort

Nebelschwaden ziehen
In den tiefen Wald
Sehen dort so manche
Traum- und Feengestalt

Nebelschwaden ziehen
Wieder übern See
Und was sie gesehen
Tut im Herzen weh

Nicht alle

Nicht jede Meise
Ist auch weise
Und nicht jeder Greis
Der ist auch heiß!

Nicht alle Kühe
Machen Mühe
Und nicht jedes Kind
Spielt mit dem Wind!

Nicht alle Mäuse
Haben Läuse
Und nicht jede Frau
Die ist auch schlau!

Nicht jeder Affe
Der trinkt Kaffee
Und nicht jeder Akt
Verläuft im Takt!

Nicht alle Würmer
Die sind Stürmer
Und nicht jeder Mann
Hat Hosen an!

Nicht alle Hähne
Haben Migräne
Und nicht jedes Herz
Vergißt den Schmerz!

Nicht jede Henne
Liebt Geflenne
Und nicht nur Du
Hast ein Recht dazu!

Nicht allein

Ich bin müde und will schlafen
Schöne Rundfahrt heut´ im Hafen

Fühl´ mich einsam und allein
Würd´ jetzt gern bei einer sein

Eine, die mir heut gefallen
Würd´ ich jetzt so gern durchknallen

Mich in ihr vergraben
Und an ihren Formen laben

Glücklich und zufrieden sein
Und vor allem: nicht allein!

Nicht gedacht

Es ist geschehen
Und war nicht vorher zu sehen!
Wie ein Blitz so hell
Alles ging so furchtbar schnell

Von Liebe nicht die Spur
War ne kurze Nachricht nur

Zum Vögeln ein Date
Am Anfang alles zu spät

Zu ihr gekommen
Sie in den Arm genommen
Den Körper gespürt
Und alle Sinne entführt

Wie siebzehn gefühlt
Alles in mir aufgewühlt
Es kamen Fragen:
Wieviel sollte ich wagen?

Erst sehr wenig nur
Verwischen die richt´ge Spur
Mehr und mehr so dann
Es war vorbei und fing an

Ich total verknallt
Ich nicht mehr in der Gewalt
Ihr mußt es sagen
Erwartet 1000 Fragen

Keine Fragen da
Sondern ein sehr klares: Ja!
Sie ist auch verliebt
Nicht gedacht, daß es sowas gibt!

O du mein Malbuhn

Malbuhn so grün die Täler
Malbuhn so voller Fehler

Malbuhn mein Malbuhn
O du mein Malbuhn

Malbuhn wo Kühe strahlen
Malbuhn Land ohne Wahlen

Malbuhn mein Malbuhn
O du mein Malbuhn

Malbuhn o deine Wälder
Malbuhn und Rieselfelder

Malbuhn mein Malbuhn
O du mein Malbuhn

Malbuhn sie duften süße
Malbuhn als riechen Füße

Malbuhn mein Malbuhn
O du mein Malbuhn

Malbuhn die Fahne flattert
Malbuhn der Regen plattert

Malbuhn mein Malbuhn
O du mein Malbuhn

Malbuhn wer dich gesehen
Malbuhn wird uns verstehen

Malbuhn mein Malbuhn
O du mein Malbuhn

Malbuhn hoch sollst du leben
Malbuhn hoch sollst du leben

Malbuhn mein Malbuhn
O du mein Malbuhn

Malbuhn mein Malbuhn
O du mein Malbuhn

Oh, wie schön

O Buhchen mein
Wie schön kann so ein Anruf sein
Habe mich gefreut gar sehr
Nun dürstet mich nach mehr

Ich werde mich bereiten
Und dann voran schnell schreiten

Zu kommen hin zum Wannensee
Und dort dann wartend steh´

Bis kommt vorbei der Buh
Ich rufe laut Juchhuh!
Und wenn er hält, der Wagen
Dann hat die Stund´ geschlagen!

Es geht nun los
Die Freude, die ist groß
Es geht fort in die Fremde
Ich reibe aneinander beide Hände

So gleiten wir dahin
Bis ich dorten endlich bin
Und das ist jetzt kein Witz,
dort, im Haus, in Beelitz!

Oft denk´ ich an die Stunden

Bei sechzehn fällt mir ein:
So war sie – noch ganz klein!
Als wir uns damals fanden
Und aneinander banden

Sie wurde älter dann
Man sah es ihr auch an

Für mich blieb sie die Kleine
Du weißt schon, was ich meine

So mußte es geschehen
Ich hab´ es nicht gesehen!
Meine Augen waren blind
Denn sie sahen nur das Kind

Sie hat es mir gesagt
Ach, hätt´ ich nachgefragt!
Ich hab´ es nicht verstanden
Es kam so viel abhanden

Sie winkte mit dem Zaun
Ich merkte alles kaum
Ich lief ins offene Feuer
Und spielte Ungeheuer

So kam, was dann geschah
Sie war dann nicht mehr da!
Sie hat ihr Glück gefunden
Oft denk´ ich an die Stunden!

Ohne noch ein Wort

Schnee im Winter ist
Als wenn Du geküßt

Mond, der ist so hell
Wenn er steigt so schnell

Und die Sonne scheint
Ist, wie wenn man weint

Und leuchten Sterne
Du bist die Ferne

Mein Leben mit Dir
Das wünsche ich mir

Du willst es nicht mehr
Du bist lange her

Will es vergessen
Hast mich gefressen

Du warst die Schlange
Es nicht gemerkt so lange

Mich gehangen an
Und verloren, wann?

Am Ende weise
Bin ich ganz leise

Und ich gehe fort
Ohne noch ein Wort!

Reif

Sitzen und nicht handeln!
Sitzen statt zu bandeln!

Mußt was tun und greifen
Mußt sie lassen reifen

Die Gedanken leben
Nicht an Worte kleben!

Greif sie an und geh ran!
Reiß sie nieder und dann!

Was geschieht ist egal
Triff sie nun, deine Wahl!

Requiem für Emil-ie

Er sprang durch Wald und Feld
Und liebte diese Welt

Saß da in deinem Keller
Und fraß den Appenzeller

Nagte an dem Kuchen
Hörte dich dann fluchen

Behende wie ein Blitz
Verschwand er in der Ritz´

Seine Tage warn gezählt
Zu lang hatt´ er gequält

Er tappte in die Falle
Und seines Blutes Schwalle

Ergoß sich durch den Raum
Emil – ie - aus der Traum!

Rosafarben

Rosafarben und vor mir
Rosafarben schreit nach Dir

Rosafarben ist am Himmel
Rosafarben nicht mein Pimmel

Rosafarben überall
Rosafarben nicht mein Fall

Rosafarben in dem Garten
Rosafarben heißt, dann warten

Rosafarben geht hinfort
Rosafarben an den Ort

Rosafarben, den man kennt
Rosafarben und nicht nennt

Rosafarben ist am Ende
Rosafarben nicht die Lende

Rosafarben die Begonie
Rosafarben nicht Mahonie

Rosafarben ich mach nun zu
Rosafarben und hab die Ruh

Rosafarben nicht mehr wieder
Rosafarben rühren meine Glieder

Rosafarben ist nun der Schluß
Rosafarben weil ein Ende Muß

Rosafarben geht zur Sonne
Rosafarben meine Wonne!

Rosafarbene Begonie

Du bist nicht wirklich das
Was ich dachte, und bist was?

Du zeigst Dich anders als
Ich habe geküßt den Hals

Mein Leben geben für
Und Du schlugst sie zu, die Tür

Der Anfang war jedoch
Angefüllt mit Zauber noch

Hatte mich umfangen
Und du warst hingegangen

Mein Leben in der Zeit
Und alles andere so weit

Die Rosenknospe, ja!
Du warst sie für mich fürwahr!

Doch in des Jahres Lauf
Da ging mir die Wahrheit auf

Die Begonie warst Du nicht
Doch rosafarben im Gesicht

Wer Dich dann so genannt
Entzieht sich meiner Hand

Doch, wer das auch immer
Von mir kommt kein Gewimmer

Denn die Begonie ist
Was Du für mich halt bist:

Eine Blume, die im Garten
Auf die im Frühling warten

Mich an ihr erfreuen
Und keine Mühe scheuen

Die rosa Farbe strahlt
Und die Begonie prahlt

Und am Ende ist es so
Nicht entscheidend ist Dein Po

Ich sitze da und darbe
Es ist die rosa Farbe!

Roter Mond vor blauem Zaun

Dunkler Flur und langer Gang
Helle Tür und kleiner Schrank

Grüner Stuhl und brauner Tisch
Blaue Wand und toter Fisch

Viele Leut und lauter Knall
Türe auf fast überall

Gelber Kran und grüner Baum
Roter Mond vor blauem Zaun

Lampe aus und Türe zu
Wasser an und du hast Ruh

Rückansicht

Sonne scheint am Strand
Sonne überall
Scheint auf's ganze Land
Dann ein großer Knall

Sie steht da vor mir
Seh den Rücken nur
Und ich schau zu ihr
Und die Topfigur

Der Bikini blau
Ich bestimmt schon rot
Was für eine Frau
Bringt mich sehr in Not

Wie sprech´ ich sie an?
Soll ich es denn tun?
Und was tu ich dann?
Such´ nach meinen Schuhn

Sie steht da ganz still
Ihre Haare wehen

Ob sie mich wohl will?
Muß es ihr gestehen

Ihre Hüften rund
Und der stramme Po
Wie ist wohl ihr Mund?
Möchte´ ihn küssen so!

Ob ihr Busen groß?
Und die Augen braun?
Mir im Hals ein Kloß
Muß mich jetzt nur traun!

Hallo, Du mein Stern
Siehst ganz super aus
Doch bist Du so fern
Nur ein Augenschmaus

Dreh´ Dich doch mal um
Und komm her zu mir
Dann werd´ ich ganz stumm
Schließ´ die Lippen Dir

Und wenn Du es willst
Mir mehr von Dir gibst
Meinen Hunger stillst
Wenn Du mich dann liebst!

Spüre Deine Brust
Deinen Hintern fest
Steigert meine Lust
Und gibt mir den Rest

Sanftes Her und Hin
Und dann fester Stoß
Weiß nicht, wo ich bin
Laß mich nicht mehr los!

In Dich dringen ein
Deinen Atem sehen
Und verbunden sein
Dann die Welt verstehen!

Sag Du mir

Bin allein
Will´s nicht sein

Was auch tu
Find´ keine Ruh´!

Was ich mach´
Gibt immer Krach

Was ich versuch´
Das führt zu Bruch

Sag´ Du mir
Wie ich verführ´

Wie ich find´
Ein holdes Kind!

Ach die Zeit
Die ist so weit

Wo ich fand
Das Glück im Land

Es ging fort
An fernen Ort

Nicht ein Stück
Blieb mir zurück

Schlaffe Haut

Du warst so allein
Und mußtest einsam sein
Dann kam er und machte
Daß Dein Herz nur lachte

Du fühltest Dich so toll
Und dachtest, was das soll:
Warum etwas versäumen
Und nur mit einem träumen!

Ich bin eine Frau
Und weiß das nun genau
Nie krieg ich meinen Rachen voll
Denn mein Körper ist so toll!

Er gab Dir das Leben
Das Dir noch fehlte eben
Neu geboren durch ihn
Alles in der Sonne schien

Der Hintern ziemlich rund
Die Füße meistens wund
Die Brüste hängen lang
Hast keinen schönen Gang

Schlaff fällt die Haut
Dein Haar ist schon ergraut
Die Hüften sieht man nicht
Hast Falten im Gesicht

Der Bauch ist rund und dick
Und nicht besonders schick
Die Krämpfe, oft sie kommen
Hast ganz schön zugenommen

Deine Augen glupschen
Wer will an Dir lutschen?
Du bist nicht schön
Nur leicht obszön

Willst Du die Männer reizen
Mußt Du dazu Deine Beine spreizen
Was kommt, das nimmst Du eben
Und nennst das dann: leben!

Dieses ist Dir wichtig
Beziehung ist nicht richtig
Wozu Probleme haben?
Sich einfach so nur laben

Nicht die Liebe siegt
Und der Dich kriegt
Nein, der Moment entscheidet
Der Dich liebt, der leidet!

Schnurpel Purpel und ne Wurzel

Schnurpel Purpel und ne Wurzel
Lagen hier im Sand
Bis sie jemand fand

Schnurpel Purpel und ne Wurzel
Liegen jetzt im Haus
Und die Geschicht´ ist aus!

Schweden

Bäume, Seen und Wälder
Rote Bauernhöfe, Felder

Wolken, Wind und Regen
Nebelschleier, die dort schweben

Menschen, nett und offen
Menschen, die sich was erhoffen

Weit von Raum und von Zeit
In der Wildnis der Ewigkeit

Flüsse, Bäche, Meere
Und zuweilen düstre Schwere

Elche, die dort leben
All das und noch mehr ist Schweden!

Sie hatte keine Zeit

Der Whiskey läuft
Der Mausi säuft
Und mit dem Alkohol
Fühlt er sich wohl

Er will vergessen
Was er besessen
Und denkt, daß er es schafft
Mit des Fusels Kraft

Doch er da irrt
Er ist verwirrt
Er fällt in tiefen Schlaf
Weil ihn das Schicksal traf

Es war so toll
Sein Herz so voll
Die, die er wollte so
Machte ihn sehr froh

Doch sein Ego
Brachte Lego
Alles darauf zerfiel
Doch nur ein Spiel?

Es war geschehen
Sie wollte gehen
Er wußte keinen Rat
Schlinge oder Draht?

Sein Leben dahin
Und ohne Sinn
Mit ihr die Ewigkeit
Doch, sie hatte keine Zeit!

Sommer Tage (1. Version)

Von Berlin zum Nordfjord
Drei Autos fahren
Zehn Leute zog es fort
Die darin waren

Einer jener Sommer
Die man nie vergißt
Einer jener Sommer
Die man mal vermißt

Angeln unten am Steg
Berge erklimmen
Liegen und sonnen am Weg
Im Fjord dann schwimmen

Einer jener Sommer
Die man nie vergißt
Einer jener Sommer
Wo man glücklich ist

Die Schneekuppe schimmert
Die Nebel steigen
Die Wasserfläche flimmert
Der Wald ist Schweigen

Einer jener Sommer
Die man nie vergißt
Einer jener Sommer
Wo man traurig ist

Es ist leicht zu träumen
Jung sein und noch frei
Und unter grünen Bäumen
Schwermut auch dabei

Einer jener Sommer
Die man doch vergißt
Einer jener Sommer
Wenn du nicht mehr bist

Sommer Tage (2. Version)

Aus der Großstadt hinaus
Urlaub, Ferien, Reisen
Zwei Tage im Auto
Immer weiter nach Norden
Mal was andres sehen
In der Gruppe fahren

Einer jener Sommer
Die man nie vergißt
Einer jener Sommer
Die man mal vermißt

Im Boot auf den Fjord
Angeln in der Sonne
Wandern im Regen
Sonnen auf dem Steg
Schwimmen, lachen,
Kochen, waschen

Einer jener Sommer
Die man nie vergißt
Einer jener Sommer
Wo man glücklich ist

Die Straßen enden irgendwo
Die Berge noch mit Schnee

Morgens im Nebel
Das Wasser in tiefem Blau
Starr und still der Wald
Das Brausen vom Wasserfall

Einer jener Sommer
Die man nie vergißt
Einer jener Sommer
Wo man traurig ist

Es ist leicht zu träumen
Wenn man jung ist
Blau der Himmel
Grün die Bäume
Die Gedanken ziehen weit und weiter fort
Und Schwermut senkt sich

Einer jener Sommer
Die man doch vergißt
Einer jener Sommer
Wenn du nicht mehr bist

Traumbild

Bin alleine aufgewacht
Und der Morgen hat mich angelacht

Doch der Himmel wurde grau
Ich allein im Zelt und ohne Frau

Hätte gern gekuschelt und
Sie schon mal geküßt auf ihren Mund

Ihre Lippen weich und warm
Treiben Rot mir ins Gesicht vor Scham

Doch sie schaut ganz sanft und lieb
So als sagt´ sie: Folge deinem Trieb

Was ich dann auch bald getan
Und mir wurde heiß und kalt und warm

So war das mit dieser Frau
Nur erfunden – weißt Du das genau?

Traumfrau

Hast du dicken, feisten Po
Macht das alle Männer froh
Hast du dann noch großen Busen
Wollen sie mit dir schmusen

Sind die Schenkel fest und stramm
Dann beißt wirklich jeder an

Und als Krönung runder Bauch
Der gefällt den Männern auch

Das gepaart mit enger Kleidung
Führt dich zur Beweidung
Eine Wurst in enger Pelle
Platzt nun auf der Stelle

Trübe

Das Herz es sticht
Ich bin so müde
Verlass´ mich nicht
Die Aussichten sind trübe

Schlafen und sich erquicken
Solang man will
Ich hör´ den Wecker ticken
Sonst ist alles still

Um Zehn muß ich raus
Jetzt ist es fünf vor vier
Mit dem Schlaf ist es aus
Muß anrufen bei Dir!

Gestern die Nacht geweint
Jetzt geht es wieder los

Denn wir sind nicht vereint
Was – was mach´ ich bloß?

Zu liegen mit Dir im Arm
Ich brauche Dich so sehr
Du machst mein Leben warm
Ohne Dich geht gar nichts mehr!

Und am Ende dann

Du bist mein Leben
Du warst es eben
Du bist nicht da
Doch dennoch wahr

Ich will Dich hier
Ganz nah bei mir
Ich will Dich drücken
Und mich entzücken

Will bei Dir sein
Wenn ich so klein
Will den Körper spüren
Und mich an Dir verführen

Will in Dir sein
Und mit Dir nicht mehr allein

Du und ich wir beide
Strahlend in dem Kleide

Wir zusammen sind
Mehr als nur noch blind
Wir wollen Leben sehen
Und zusammen stehen

In diesem Leben dann
Sind wir so wie ein Schwamm
Wir saugen alles auf
Und legen noch eins drauf

Um am Ende irgendwann
Zu zerstören diesen Schwamm
Und am Himmel hoch zu schweben
Hinauf zu einem neuen Leben!

Und bin allein

Sonne hoch, Sonne runter
Bin mal müde und mal munter

Mond geht auf und geht unter
Macht die Nacht manchmal bunter

Und am Himmel Sterne strahlen
Kann man nicht so einfach malen

Dann die Nacht bricht herein
Ich lieg da und bin allein

Und sah Dich in der Sonne

Und sah Dich in der Sonne
Und stehen auch im Licht
Und sagte Dir: ich komme
Und wollte es doch nicht!

Wir trafen uns dann und wann
Wir sprachen und gingen
Wir – so fing es langsam an
Wir legten uns Schlingen.

Kein Gefühl – Du willst das nicht
Kein Kuß – das ist für ihn
Kein Samstag, damit es bricht
Kein Weg zur Hoffnung hin

Mir wird übel und wird schlecht
Mir ist ganz kalt und heiß
Mir scheint die Welt ungerecht
Mir ist ganz blaß und weiß.

Einen guten Freund für Dich
Zum Reden und nicht mehr

Einen Zeitvertreib für mich
Wenn das so einfach wär!

Kannst gehen und kannst laufen
Du fällst auf dein Gesicht
Gefühle, nicht zu kaufen
Planen kannst du sie nicht!

Und sah Dich in der Sonne 4

Und sah Dich in der Sonne
Und stehen auch im Licht
Und Du warst keine Nonne
Und ich, ich war's auch nicht!

Und gingen dann gemeinsam
Ein kurzes weites Stück
Und waren wieder einsam
Doch nichts führt mehr zurück!

Und Du bist fort gegangen
Obwohl ich es versucht
Zu groß war mein Verlangen
Wie hab´ ich es verflucht!

Doch es ist nun geschehen
Kein Grund, zurück zu sehen

So laß´ ich Dich denn gehen
Versuch es zu verstehen!

Ich muß nach vorne schauen
Nicht sehn was nicht mehr ist
Und muß was Neues bauen
Wobei man dann vergißt!

Es wird ein Leben geben
Auch ohne Dich für mich
Ich muß nur danach streben
Dann wird es ändern sich!

So laß´ es mich probieren
Wie immer es auch geht
Kommst Du auf allen Vieren
Es ist dann wohl zu spät

Werde es alleine finden
Das Leben ohne Dich
Und muß ich mich auch schinden
Du hast verlassen mich!

Und seh Dich in der Sonne
Und stehen auch im Licht
Und sage nicht ich komme
Und weiß: Du bist es nicht!

Und wäre...

Und wäre die Sonne blau
Und der Himmel grün
Und der Fuchs hätte keinen Bau
Und Blumen würden nicht blühn

Und wäre Wasser trocken
Und Regen nicht naß
Und duften wie Rosen Socken
Und wäre der Neger blaß

Und wäre Hölle Leben
Und Sterben dann Glück
Was kann es ohne Dich geben –
Es bringt mir Dich nicht zurück!

Ungarn

Und Sonne
Schmetterlinge, Blumen
Und Natur und Leben
Überall
Und Menschen
Gebräunt
Und gezeichnet
Vom Land

Und das Gras
Und die Brunnen
Am Wege
Verstreut
Und Flüsse
Die behäbig fließen
Durch Felder und Wiesen
Von Grün

Und alles
Was ist
Und sein wird ist
Von Dir
Und man spürt
Die Gegenwart
Von Liebe
Und Zukunft

Urlaubspflicht

Als ich heute aufgewacht
Und das Fenster aufgemacht

Sah ich Regenwasser fließen
So war es einfach zu beschließen:

Im Bett zu bleiben
Und Postkarten zu schreiben!

Vergangenheit

Hoch und runter
Und mitunter
Dann die Frage
Schau und sage:

Was ist der Sinn?
Wo willst du hin?
Wozu leben?
Wozu streben?

Alle Tage
Werden Plage
Und vergehen
Und verwehen

Sind nicht heiter
Geht doch weiter
Und irgendwie
Sterben sie nie

In Gedanken
Fallen Schranken

Ganz hoch hinauf
Die Welt ich kauf!

Die Augen schaun
So, wie im Traum
Sie suchen Dich
Und treffen mich

Der Kopf ist leer
Die Seele schwer
Vergangenheit
Vor langer Zeit

Ein fernes Ich
Das meldet sich
Es klopft hier an
So dann und wann

Es ruft mir zu:
Wo bist denn Du?
Anja, warum
Bin ich so dumm!

Vergangen in der Zeit

Wenn es dunkel ist
Und du alleine bist

Dann denkst du zurück
An dein letztes Glück

Licht an Sommertagen
Glücklich ohne Fragen

Zu zweit gemeinsam
Niemals wieder einsam

Dein Herz es bebte
Und alles in dir lebte

Du gabst dein Leben
Und konntest schweben

Du warst gefangen
Bist mit ihr gegangen

Was du immer wolltest
Das du jetzt haben solltest

Hoch in den Himmel
Auf einem weißen Schimmel

Über den Wolken gelebt
Tief ineinander verwebt

Ein einziges Brennen
Nichts konnte es trennen

Dann gab es einen Knall
Und es kam der große Fall

Alles war verschwunden
Geblieben nur noch Wunden

Nichts von Liebe mehr
Alles nur noch einfach leer

Dein Herz zersprungen
Von Dunkelheit verschlungen

Dein Glück, das ist so weit
Vergangen in der Zeit

Verschwendete Zeit

Wenn die Stadt verschlingt
Weil die Nacht eindringt
Und ich alleine bin
Suche ich nach dem Sinn

Wenn der Tag anbricht
Weil das Licht erlischt
Und ich alleine bin
Suche ich nach dem Sinn

Wenn der Tag vorschreitet
Weil der Zeiger weiter gleitet
Und ich alleine bin
Suche ich nach dem Sinn

Wenn der Mond aufgeht
Weil der Tag verweht
Und ich alleine bin
Suche ich nach dem Sinn

Wenn die Luft verwest
Weil der Wind stark bläst
Und ich alleine bin
Suche ich nach dem Sinn

Wenn der Berggeist lauscht
Weil das Wasser rauscht
Und ich alleine bin
Suche ich nach dem Sinn

Wenn der Wald versinkt
Weil die Erd´ aufspringt
Und ich alleine bin
Suche ich nach dem Sinn

Wenn der Körper modert
Weil das Feuer lodert
Und ich alleine bin
Suche ich nach dem Sinn

Wenn die Welt versinkt
Weil der Schmerz eindringt
Und ich alleine bin
Was hat da noch Sinn?

Viele Grüße von hier

Aus Alfoten im Norden
In Norwegen mit den Fjorden

Viele Grüße von hier
Nach Berlin zu Dir.

Angeln kann man hier prima
Und auch das Klima:

Luft, Wasser und Sonne
Und Regen (seit gestern): Pro Tag so `ne Tonne

Vielleicht erwacht

Habe Schmerzen
Und der Schädel brummt
Nicht nach Scherzen
Wenn das Herz verstummt

Ein Jahr vorbei
Und sind tausend weg
Bin eins nicht zwei
Suche nach dem Zweck

Will nur laufen
Doch wer weiß wohin
Einfach saufen
Wahrheit liegt da drin

Nicht ankommen
Nur ziellos wandern
Viel verschwommen
Wie geht es andern?

Einfach stehen
Tiefe dunkle Nacht
Und nicht drehen
Bin vielleicht erwacht!

Vierzeiler

Alles auf der Welt
Kostet sehr viel Geld
Selbst die Liebe heute
Sucht nach ihrer Beute

Bumsen und auch Saufen
Kannst Du alles kaufen
Doch für Deine Einsamkeit
Da hat niemand Zeit!

Darf ich fragen
Dich auf Händen tragen
Oder Dich begrüßen
Und dann dabei büßen?

Deiner Omas Decke
Erfüllte ihre Zwecke
Sie war mit hier in Schweden
Hat Wärme mir gegeben!

Der Clemi, der ist doof
Er liegt jetzt auf dem Hof
Ich hol´ ihm einen Stein
Und grab´ ihn danach ein!

Die Nacht ist kurz
Der Weg noch lang
Ich laß´ nen Pfurz
Hab´ vielen Dank!

Fährst Du nach Schweden
Triffst Du nicht jeden!
Doch ich bin da –
Wunderbar!

Gedicht an Gedicht sich reiht
Denn so vergeht die Zeit
Mit Schreiben und mit Denken
Will man sich nur ablenken!

O mein Malbuhlein
Was kann schöner sein?
Ich weiß, Du hörst es gern:
Bin zurück vom andern Stern!

Sitzt alleine an dem Strand
Bist so einsam hier im Land
Doch bist du daheim –
Wird es da genauso sein!

So bin ich denn besoffen
Und weiß nicht, was ich tu
So schrieb ich denn zu Dir
Du dumme, blöde Kuh!

Sybille, Regina und Anja
Melissa, Birgit und dann, ja:
Sabine, Claudia, Nicole?
Und das Maß ist noch nicht voll!

Und strahlt die Sonne
Und strahlt Licht
Und gibt Schatten
Und Dich nicht!

Unter diesem Baum
Traf ich Dich, mein Traum!
Leider mit `nem Stein
Und so gingst Du ein!

Wenn Du mich nicht für immer willst
Und so meinen Hunger stillst
Dann bin ich auch bereit
Für ein Agree nur auf Zeit!

Wer lebt
Der strebt
Wer liebt
Der gibt!

Zeit zu schlafen
Zeit zu ruhn
Gibt auch morgen
Viel zu tun!

Vorwand

Ich vertraute Dir
Nahm alles mir

Du spieltest nur
Von Liebe keine Spur

Ich dachte mir
Für immer mit Dir

Du wolltest Spaß
Und hattest das

Ich wollte Liebe
Du, es gab Hiebe

Alles aufgegeben
Für ein neues Leben

Habe mich geirrt
Weil Du mich verwirrt

Und als Zweifel kamen
Sprengten sie den Rahmen

Probleme sind nicht gut
Mußt nehmen meinen Hut

Du willst leben so
Daß es Dich nur macht froh

Liebe heißt auch Leiden
Drum läßt Du es bleiben

Und die Schuld hab ich
Weil ich nicht entscheide mich

So einfach kann es sein
Der Mann, der ist gemein

Schluß ist für Dich
Auch, wenn Du tötest mich

War ein Bienchen

War ein Bienchen
Das schrieb seinem Blümchen

Von dem Ort
Zu dem es mußte fort

Im siebten Stock
Dort im rechten Block

Sieht aus dem Hotel
Und will zurück ganz schnell

Will zum Blümchen
Denn es fehlt dem Bienchen!

Was willst Du von mir?

Keine Worte und auch keine Blicke
Nicht mal ein Gedicht!
Was da war, es füllte aus die Lücke
Dunkel und kein Licht!

Sofort und ohne Zögern – machte Plub!
Alles so erfüllt
Nun liegt es da und gibt ein leises Blub
In Nebel gehüllt

Es war so schön, denn da gab es ja Dich
Du ich nur im Wir
Die Fragen kommen und drängen in mich
Was willst Du von Mir?

Wer ich bin

Höre zu
Und sieh´ hin,
willst Du wissen,
wer ich bin!

Wieso nicht ich

Sabine und Regina
Anja, Tanja, Ina!

Birgit und Claudia
Keine ist mehr da!

Melissa und Sybille
Alles bittre Pille!

Silke, Michaela
Wo mach´ ich den Fehler?

Bea und jetzt Melanie
Wie klappt sowas, wie?

Wunschtraum

Komm und geh
Kleiner Zeh
Steh und bleib
Zum Zeitvertreib

Sie die Sonn´
Welche Wonn´
Himmel blau
Welche Schau!

Blumen blühn
Wiesen grün
Biene summt
Hummel brummt

Auf dem Berg
Steht der Zwerg
Blickt ins Tal
Ist sehr schmal

Kommt zum Bach
Gibt da Krach
Seine Frau
Ist sehr schlau

Sieht den Mann
Sie denkt dann:
Gehe fort
Von dem Ort

Bin nun froh
Daß es so
Bin allein
Nur zum Schein

Denn was ist
Ohne Frist
Mit Dir dann
Bin zusamm´

Zerflossen

Meine Liebe gab ich Dir
Heute frag´ ich mich: Wofür?

Wollt Dir ein schönes Leben
Ja, wollte es Dir geben!

Doch etwas lief nicht richtig
Es schien mir erst nicht wichtig

Dann fing ich an zu denken
Und wollte wieder lenken

Das war so falsch am Ende
So wie zwei linke Hände

Als ich sah was mit uns zwei
War für Dich alles vorbei

So fließen meine Tränen
Die sich nach Deinen sehnen

Zuflucht

Stimmen in der Ferne
Stimmen laut und leis´
Sitzen in der Wärme
Vor mir eine Speis´

Vögel hier und auch dort
Zwitschern drum herum
Ich liebe diesen Ort
Frag mich nicht, warum!

Wasser plätschert leise
Singt ein altes Lied

Spielt auf seine Weise
Niemand es je schrieb!

Und die Blätter rauschen
Wenn er bläst, der Wind
Will ihm gerne lauschen
Fröhlich wie ein Kind!

Und die Hummeln brummen
Überall im Gras
Und die Bienen summen
Voll vom Nektarfraß!

Ein Fröschlein leise quakt
Und der Schmetter lingt
Zum Wasser es sich wagt
Wo es in es springt!

Und der Sonne Strahlen
Kommen her zu mir
Sich in ihnen ahlen
Ja, das alles hier!

Muß den Platz verlassen
Wieder heimwärts ziehn
Durch die dunklen Gassen
Die dort sind, Berlin!

Doch ich komme wieder
In Gedanken her
Wenn es schlägt mich nieder
Wenn das Leben schwer!

Zu jung?

Du sitzt da und schaust mich an
Ich sag „Hei!" was mach ich dann!
Bist so jung und Dein Vater
Verpaßt mir einen Kater!

So sitzen und nur träumen
Sich nicht traun in diesen Räumen!
Du bist jung, Dein Körper schreit:
Laß mich ran, es ist soweit!

Gerne Dich liebkosen zart
Auf meine liebevolle Art!
Wenn mehr noch, dann auch richtig
Der Zeitpunkt, der ist wichtig!

Zurück

Es donnert und es kracht
So bin ich aufgewacht

Hab´ auf die Uhr gesehen
Wollt wieder schlafen gehen!

Zum Liegen bleiben da
Ist dieser Tag o ja
Werd´ Frühstück machen nun
Danach ist viel zu tun!

Wenn alles ist verstaut
Wird noch nach Öl geschaut
Die Reise dann beginnt
Nach Süden ganz geschwind!

Am Montag geht´s zurück
Ist noch ein ganzes Stück
Waren schöne Tage
Das ist keine Frage!

Zusammen

Ist ein kleiner Kuß
Der irrte weit umher
Kam bis ins Land der Russ´
Und wußte gar nichts mehr

Er konnte es nicht finden
Das Ziel, das ihm bestimmt

Suchte gleich dem Blinden
Die Zeit für ihn verrinnt

Er streifte durch die Felder
Und sah nichts außer Kälber
Da ging er durch die Wälder
Und da war nur er selber

Doch dann, schon ganz am Ende
Er war in einem fernen Land
Da kam für ihn die Wende
Da traf er einen Elefant

Es war der kleine Elefant
Der irrte weit umher
War schon in jedem Land
Und glaubt an gar nichts mehr

Da standen sie nun da
Der Kuß und auch der Elefant
Es war nun wie es war
Sie haben sich erkannt

Die beiden gingen weiter
Sie waren nicht mehr einsam
Zusammen und ganz heiter
Elefant und Kuß gemeinsam

Zwei

Du oder Du?
Und wozu?
Wen lieben?
Wen kriegen?
Dich oder Dich?
Warum ich?
Herz offen
Du besoffen
So viel Wein
Muß das sein?
Wankend stehen
Und nicht gehen
Entscheiden
Und nur leiden
Was nun tun?
Willst nur ruhn

Zweizeiler

Das Wasser ist jetzt warm
Du warst schon an der Therm!

Dort an diesem Brunnen
Hab´ ich Dich zuerst besprungen!

Guten Morgen, mein Sonnenschein!
Ich würd´ so gerne bei Dir sein!

Heißt Dein Vater Peter
Kauf Dir lieber Äther!

Hi, mein Sonnenschein
Ohne Dich fühl´ ich mich allein!

Ich war sehr produktiv
Immer, wenn ich mit Dir schlief!

Im Zelt liegst du nun wach
Und legtest lieber eine flach!

Ist Dein Kopf auch hohl
Trink´ ich trotzdem auf Dein Wohl!

Jetzt gehen wir nach oben - fein
Und trinken lecker schönen Wein!

Liebe, Tod und Teufel – eins ist vorbei
Bleiben mir noch zwei und drei!

Mir reicht ein Platz ganz klein ein bißchen wenig
Dann fühl´ ich mich schon wie ein König!

Rauschebart und Zickendraht
Gerissen ist die Naht!

Reifer, praller Busen
Ist nicht nur zum Schmusen!

Sieh auf meine Socken:
Sie sind trocken!

Und drei Tannen, die da blühten
Sahen auch die Elche wüten!

Verführ´ und liebe
Zeige deine Triebe!

Wem ich´s heute kann besorgen
Den vertröst ich nicht auf morgen!

Whiskey, Dings und so
Und dann schlaf ich einfach froh!

Willst ein Mädchen Du beglücken
Mußt Du erst Dein Geld rausrücken!

Wird dir schlecht der Schinken
Mußt du nicht so viel trinken!

Mehr von M. S. Dueschamm:

Grüne Tinte auf Papier

Gereimtes und Ungereimtes, 172 Seiten, Paperback
Herstellung und Vertrieb: Books on Demand GmbH,
Norderstedt, ISBN 9783744813358

Ich bin Gedicht

Was ich schon immer sage wollte und niemand hören will,
172 Seiten, Paperback
Herstellung und Vertrieb: Books on Demand GmbH,
Norderstedt, ISBN 9783748132233

Leseempfehlung:

Das Nordlicht, das Bier und ich

Jens lebt mit seinen Eltern in Berlin. Als sein Großvater in Husum stirbt, reist die Familie zur Testamentseröffnung dorthin. Der Inhalt des Testaments und das Wiedersehen seiner Mutter mit einem alten Jugendfreund lassen die Ehe seiner Eltern und die Vergangenheit seiner Mutter in einem ganz neuen Licht erscheinen.

Die Verwirrung seiner Gefühle wird noch verstärkt durch die Begegnung mit der 16 Jahre alten Meike, von der eine unerklärliche Anziehungskraft auf ihn ausgeht.

Als er ein bisher gut gehütetes Geheimnis aus

dem Leben seiner Mutter erfährt, führt das zu einem scheinbar unauflösbaren Widerspruch zwischen dem, was sein Herz und dem, was sein Verstand sagt...

Owe Klajü - Das Nordlicht, das Bier und ich
Roman, 198 Seiten, Paperback
Herstellung und Vertrieb: Books on Demand GmbH,
Norderstedt, ISBN 978374 1263316

Eine Woche und sieben Tage

Zwei Freunde, die ihren Urlaub in Südamerika verbringen, treffen auf zwei Freundinnen, die dies ebenfalls tun. Das Verschwinden von Carlos sowie der Versuch, ein Geheimnis zu entschlüsseln führen zu einer Vielzahl von Verwicklungen.

Klaus-Jürgen Sparfeld - Auf dem Weg ins Abenteuer
Teil 1 der Trilogie, Abenteuerroman, 132 Seiten, Paperback
Herstellung und Vertrieb: Books on Demand GmbH,
Norderstedt, ISBN 978384 4800685

Klaus-Jürgen Sparfeld - Der Weg zum Sternenhaus
Teil 2 der Trilogie, Abenteuerroman, 140 Seiten, Paperback
Herstellung und Vertrieb: Books on Demand GmbH,
Norderstedt, ISBN 978384 4806601

Klaus-Jürgen Sparfeld - Der Kreis schließt sich
Teil 3 der Trilogie, Abenteuerroman, 156 Seiten, Paperback
Herstellung und Vertrieb: Books on Demand GmbH,
Norderstedt, ISBN 978384 4809602

Und dann kam Pit

Olaf ist sechzehn, schüchtern und unsterblich verliebt. Er fährt das erste Mal ohne seine Eltern in die Ferien: mit seinem Freund Tilo und dessen Eltern. Die räumliche Trennung von seiner großen Liebe läßt ihn fast verzweifeln.

Ein Übriges trägt das pubertäre Gehabe seines Freundes gegenüber Mädchen bei, der sich in jedes Abenteuer stürzt, das sich ihm bietet.

Und dann ist da noch diese Petra, die von allen nur Pit genannt wird...

Klaus-Jürgen Sparfeld - Und dann kam Pit
Roman, 164 Seiten, Paperback
Herstellung und Vertrieb: Books on Demand GmbH,
Norderstedt, ISBN 978384 4813470